Strafrecht Besonderer Teil

Prof. Dr. Marco Mansdörfer

1. Auflage, Oktober 2018

Vorwort

Das Strafrecht hat insbesondere im ersten Staatsexamen erheblich an Bedeutung verloren. Deutlich wird dies an dem Umstand, dass das Strafrecht dort regelmäßig nur noch in einer Klausur „abgeprüft" wird. Die Studienliteratur ist dem bislang kaum gerecht geworden und mutet den Studierenden regelmäßig Lehrbücher oder auch nur Definitionssammlungen zum „Besonderen Teil" des Strafrechts mit mehreren hundert Seiten zu. Wie soll man sich als Studierender das Alles merken können?

Gar nicht. Das vorliegende Skript ist daher der konsequente Versuch, die Darstellung des Besonderen Teils in gut 100 Seiten auf das wirklich Wesentliche zu reduzieren und Schwerpunkte entsprechend der praktischen Prüfungsrelevanz zu setzen.

Die Reduktion beginnt schon bei der Darstellung: Eine Ausführung in Stichworten soll dem Studierenden den Blick auf das Wesentliche erlauben. Dabei gehe ich davon aus, dass zumindest ganz elementare Kenntnisse bereits in einer Vorlesung oder Arbeitsgemeinschaft erworben wurden bzw. parallel erworben werden. „?" sollen zu eigenem Nachdenken anregen. Aufzählungspunkte „•" markieren unterschiedliche Fallkonstellationen, Meinungen, Zeitabschnitte etc. Streitstände sind auf markante Stichworte zurückgeführt, die in einer Klausur den Kern eines Arguments kennzeichnen und von manchen Korrektoren in Klausuren gerne „abgehakt" werden. Die Darstellung der Delikte folgt dabei dem üblichen Aufbau in der Klausur. An verschiedenen Stellen wird Platz für eigene Anmerkungen gelassen. Hinweise auf Literatur und Rechtsprechung sind extrem reduziert.

Die nachfolgende Darstellung beruht auf 20 Jahren Erfahrung erst als Leiter von Arbeitsgemeinschaften und heute als Hochschullehrer in Übungen und in Vorlesungen bzw. als Prüfer und Aufgabensteller (auch für länderübergreifend genutzte sog. Pool-Klausuren) im Staatsexamen. Kritik und Anregungen richten Sie bitte an die Kontaktadresse meines Lehrstuhls an der Universität des Saarlandes.

Prof. Dr. Marco Mansdörfer
Im Oktober 2018

Inhaltsverzeichnis

§ 1 Einführung in den Besonderen Teil des Strafgesetzbuches 1
    I. Funktion des Besonderen Teils des StGB 1
    II. Materielle Legitimation von Strafnormen 1
    III. Formale Anforderungen an Strafnormen 1
    IV. Materielle Systematisierung des BT 1
        1. Bedeutung einer Systematisierung 1
        2. Primäre Systematisierung nach Rechtsgütern 1
        3. Nur untergeordnete Systematisierung nach Verhaltensnormen 2
    V. Systematisches Verhältnis des Besonderen Teils des StGB zum Nebenstrafrecht und sonstigen Strafnormen 2
    VI. Das Verhältnis des BT zum AT und zum Prozessrecht 2
        1. Vorrang des BT gegenüber allgemeinen Lehren 2
        2. Wechselwirkungen zwischen dem Besonderen Teil und Strafprozessrecht ... 2

§ 2 Straftaten gegen das Leben 3
    I. Kriminologie und Rechtsgut der Straftaten gegen das Leben 3
        1. Kriminologie der Tötungsdelikte 3
        2. Das Rechtsgut „Leben" 3
        3. Das Prinzip des absoluten Lebensschutzes 3
    II. Beginn des menschlichen Lebens und vorverlagerter strafrechtlicher Schutz ... 3
        1. Beginn des menschlichen Lebens 3
        2. Schwangerschaftsabbruch und die Regelung der §§ 218 ff. StGB 4
    III. Ende des menschlichen Lebens – insbes. Suizid und Sterbehilfe 5
        1. Ende des menschlichen Lebens 5
        2. Suizid und Sterbehilfe 5
    IV. Der Tatbestand des Totschlags und seine Privilegierungen 7
        1. Rechtsvergleichende Erwägungen 7
        2. Historische Entwicklung der Tatbestände im deutschen Recht 7
        3. Der Tatbestand des Totschlags 8
        4. Privilegierungen des Totschlags - §§ 213, 216 StGB 8
            a) Minder schwerer Fall des Totschlags, § 213 StGB 8
            b) Tötung auf Verlangen, § 216 StGB 9
            c) § 217 Geschäftsmäßige Förderung der Selbsttötung 9
    V. Der Tatbestand des Mordes 9
        1. Rechtsnatur des Mordtatbestandes und dogmatische Einordnung der Mordmerkmale 9
        2. Die Mordmerkmale im Einzelnen 10
            a) Die Mordmerkmale der ersten Gruppe 10

	b)	Die Mordmerkmale der zweiten Gruppe	10
	c)	Mordmerkmale der dritten Gruppe	11
	d)	Verneinung des Mordtatbestandes trotz Vorliegen eines Mordmerkmals?	11
3.		Insbesondere Beteiligungskonstruktionen	11

VI. Die fahrlässige Tötung, § 222 StGB 12
    1. Kriminologische, kriminalpolitische und dogmatische Bedeutung 12
    2. Tatbestandsstruktur 12
    3. Bedeutsame Problematiken 12

VII. Die Aussetzung, § 221 StGB 12
    1. Geschichtlicher Hintergrund und Kriminologie 12
    2. Grundtatbestand des § 221 Abs. 1 StGB 13
    3. Qualifikationen gem. § 221 Abs. 2-4 StGB 13
    4. Konkurrenzen 13

§ 3 Straftaten gegen die körperliche Unversehrtheit, §§ 223 – 231 StGB 14

I. Kriminologie, Rechtsgut und Systematik der körperlichen Unversehrtheit 14
    1. Kriminologie 14
    2. Rechtsgut der körperlichen Unversehrtheit 14
    3. Systematik der Körperverletzungsdelikte 14

II. Der Grundtatbestand der einfachen Körperverletzung 14
    1. Grundstruktur 14
    2. Die körperliche Misshandlung 14
    3. Die Gesundheitsbeschädigung 15
    4. Sonstiges 15

III. Die gefährliche Körperverletzung, § 224 StGB 15
    1. Beibringen von Gift, § 224 Abs. 1 Nr. 1 StGB 15
    2. Einsatz eines gefährlichen Werkzeugs, § 224 Abs. 1 Nr. 2 StGB 15
    3. Hinterlistiger Überfall, § 224 Abs. 1 Nr. 3 StGB 16
    4. Gemeinschaftliche Körperverletzung, § 224 Abs. 1 Nr. 4 StGB 16
    5. Lebensgefährliche Behandlung, § 224 Abs. 1 Nr. 5 StGB 16

IV. Die schwere Körperverletzung, § 226 StGB 16

V. Strafbarkeit der Beschneidung weiblicher Genitalien, § 226a StGB 16

VI. Die Körperverletzung mit Todesfolgen, § 227 StGB 17
    1. Grundgedanke und Bedeutung der Vorschrift 17
    2. Spezifischer Gefahrenzusammenhang 17
    3. Sonstiges 18

VII. Die Misshandlung von Schutzbefohlenen, § 225 StGB 18
    1. Grundgedanke und Bedeutung der Vorschrift 18
    2. Tatbestand im Einzelnen 18

	a)	Grundstruktur	18
	b)	Modifikationen	18
3.		Sonstiges	19
VIII.	Beteiligung an einer Schlägerei, § 231 StGB		19
1.		Grundgedanke und Tatbestandsstruktur	19
2.		Tatbestand im Einzelnen	19
3.		Sonstiges	20
IX.	Die fahrlässige Körperverletzung, § 229 StGB		20
X.	Rechtfertigung		20
1.		Die Einwilligung	20
	a)	Wiederholung aus dem AT	20
	b)	Grenzen der Einwilligung, insbes. § 228 StGB	20
	c)	Einwilligung beim Sport	21
2.		Die mutmaßliche Einwilligung	21
3.		Elterliches Züchtigungsrecht	21
XI.	Exkurs: Medizinstrafrecht		21
1.		Tatbestandsmäßigkeit der ärztlichen Heilbehandlung	21
2.		Anforderungen an Patientenaufklärung	22
3.		Hypothetische Einwilligung	22
4.		Sonstiges	22

§ 4 Straftaten gegen die persönliche Freiheit, §§ 239 – 241 StGB ... 23

I.	Das System des Freiheitsschutzes im Strafgesetzbuch		23
II.	Die Nötigung, § 240 StGB		23
1.		Historischer Hintergrund, Rechtsgut und Begriff der Nötigung	23
2.		Der Nötigungserfolg	23
3.		Gewalt als Nötigungsmittel	23
4.		Drohung mit einem empfindlichen Übel	24
5.		Der subjektive Tatbestand	24
6.		Die Rechtswidrigkeit der Nötigung	24
	a)	Geltung der allgemeinen Rechtfertigungsgründe – Beispiele	24
	b)	Verwerflichkeitsprüfung gem. § 240 Abs.2 StGB	24
	c)	Irrtum über Gesamttatbewertung?	25
7.		Sonstiges	25
III.	Die Freiheitsberaubung, § 239 StGB		25
1.		Entstehung, Rechtsgut und Deliktsstruktur	25
2.		Tatbestand	25
3.		Rechtswidrigkeit	26
4.		Qualifikationstatbestände	26

- 5. Sonstiges ... 26
- IV. Erpresserischer Menschenraub und Geiselnahme, §§ 239a, 239b StGB ... 26
  - 1. Gemeinsames ... 26
  - 2. Erpresserischer Menschenraub, § 239a StGB ... 26
    - a) Konstruktion ... 26
    - b) Speziell zum Erpressungsteil ... 27
  - 3. Geiselnahme ... 27
    - a) Konstruktion ... 27
    - b) Speziell zum Nötigungsteil ... 27
  - 4. Sonstiges ... 27
- V. Hinweise zu weiteren Tatbestände, insbes. § 241 StGB ... 27
  - 1. Die Bedrohung gem. § 241 StGB ... 27
  - 2. Weitere Tatbestände ... 27

§ 5 Straftaten gegen die Ehre, §§ 185 – 199 StGB ... 29

- I. Grundlagen der Ehrdelikte ... 29
  - 1. Funktion und Anwendungsbereich des strafrechtlichen Ehrschutzes ... 29
  - 2. Der strafrechtliche Ehrbegriff ... 29
  - 3. Die Rechtsgutsträger ... 29
    - a) natürliche Personen – nicht Tote, arg. Sondertatbestand § 189 StGB (str.) ... 29
    - b) Schutz von Personengesamtheiten? ... 29
    - c) Beleidigung unter einer Kollektivbezeichnung ... 29
  - 4. Die Systematisierung der Ehrdelikte ... 29
- II. Die einzelnen Tatbestände ... 30
  - 1. Die Beleidigung, § 185 StGB ... 30
  - 2. Die üble Nachrede, § 186 StGB ... 30
  - 3. Die Verleumdung, § 187 StGB ... 30
- III. Ergänzende Vorschriften ... 30
  - 1. Wahrheitsbeweis durch Strafurteil, § 190 StGB ... 30
  - 2. Formalbeleidigung, § 192 StGB ... 31
  - 3. Wahrnehmung berechtigter Interessen, § 193 StGB ... 31
  - 4. Strafantrag, § 194 StGB ... 31

§ 6 Straftaten gegen weitere Individualrechtsgüter, insbes. auch die Unverletzlichkeit der Wohnung und der Privatsphäre ... 32

- I. Hausfriedensbruch, §§ 123, 124 StGB ... 32
  - 1. Allgemeines ... 32
  - 2. Der Hausfriedensbruch, § 123 StGB ... 32
  - 3. Der schwere Hausfriedensbruch, § 124 StGB ... 33
- II. Delikte gegen den persönlichen Lebens- und Geheimbereich (im Überblick) ... 33

	1.	Allgemeines 33
	2.	Verletzung der Vertraulichkeit des Wortes, § 201 StGB...34
	3.	Verbot von Bildaufnahmen, § 201a StGB 34
	4.	Verletzung des Briefgeheimnisses, § 202 StGB 34
	5.	Ausspähen von Daten gem. § 202a StGB, Abfangen von Daten gem. § 202b und Datenhehlerei gem. § 202d 35
	6.	Verletzung von Privatgeheimnissen, § 203 StGB 35
	7.	Verwertung fremder Geheimnisse, § 204 StGB 35
	8.	Verletzung des Post- oder Fernmeldegeheimnisses, § 206 StGB 35
	9.	Verletzung des Steuergeheimnisses, § 355 StGB..35
III.		Hinweise auf sonstige Delikte gegen die Person 35
	1.	Sexuelle Selbstbestimmung...35
	2.	Besondere Delikte gegen die körperliche Integrität 36

§ 7 Straftaten gegen Vermögenswerte – Übersicht..37

- I. Einteilung der Straftaten gegen Vermögenswerte und Überblick über die wichtigsten Tatbestände 37
- II. Kriminologische Bedeutung der Vermögensstraftaten 37
- III. Vermögensstraftaten und Wirtschaftsstrafrecht 37

§ 8 Diebstahl und Unterschlagung 38

- I. Überblick...38
- II. Der Grundtatbestand des Diebstahls 38
  1. Geschütztes Rechtsgut 38
  2. Deliktsstruktur 38
  3. Diebstahlsobjekt: fremde bewegliche Sache 39
  4. Diebstahlshandlung: Wegnahme...39
     a) Gewahrsam..39
     b) Gewahrsamsbruch und Gewahrsamsbegründung 40
  5. Der subjektive Unrechtstatbestand des Diebstahls 40
     a) Vorsatz...40
     b) Zueignung 41
     c) Absicht der Zueignung 41
  6. Rechtswidrigkeit der erstrebten Zueignung 41

§ 9 Der Diebstahl in einem besonders schweren Fall, § 243 StGB 43

- I. Entstehungsgeschichte der Norm...43
- II. Die einzelnen Regelbeispiele des § 243 I StGB 43
  1. Der Einbruchs-, Einsteige-, Nachschlüssel- und Verweildiebstahl, § 243 I 2 Nr. 1 43
     a) Geschützte Räumlichkeiten 44
     b) Tatmodalitäten 45

2.	Überwinden besonderer Schutzvorrichtungen, § 243 I Nr. 2 StGB	45
3.	Gewerbsmäßiger Diebstahl, § 243 I 2 Nr. 3 StGB	46
4.	Kirchendiebstahl, § 243 I 2 Nr. 4 StGB	46
5.	Diebstahl von Kulturgütern, § 243 I 2 Nr. 5 StGB	46
6.	Diebstahl unter Ausnutzung fremder Notlagen, § 243 I 2 Nr. 6 StGB	46
7.	Waffen- und Sprengstoffdiebstahl, § 243 I 2 Nr. 7 StGB	47

III. Die Geringwertigkeitsklausel des § 243 II StGB 47

§ 10 Der Diebstahl mit Waffen, Banden- und Wohnungseinbruchsdiebstahl, § 244 StGB sowie schwerer Bandendiebstahl, § 244a StGB 48

I. Allgemeines 48

II. Diebstahl mit einer Waffe oder einem gefährlichen Mittel, § 244 I Nr. 1a StGB 48

III. Diebstahl mit sonstigen Werkzeugen und Mitteln, § 244 I Nr. 1b StGB 49

IV. Der Bandendiebstahl, § 244 I Nr. 2 49

1. Der Bandenbegriff 50
2. Bandenmäßige Begehung 50
3. Gemischte Bande? 50

V. Der Wohnungseinbruchsdiebstahl, § 244 I Nr. 3, IV StGB 50

1. Historie 50
2. Wohnungsbegriff 51
3. Privatwohnung gem. § 244 Abs. 4 51

VI. Minder schwere Fälle gem. § 244 Abs. 3 51

VII. Der schwere Bandendiebstahl, § 244a StGB 51

§ 11 Unterschlagung und Veruntreuung 52

I. Die Unterschlagung gem. § 246 I StGB 52

1. Allgemeines 52
2. Tatbestand der Unterschlagung 52

II. Die veruntreuende Unterschlagung, § 246 II StGB 52

§ 12 Privilegierte Fälle des Diebstahls und der Unterschlagung 54

I. Übersicht 54

II. Haus- und Familiendiebstahl, § 247 I StGB 54

III. Diebstahl und Unterschlagung geringwertiger Sachen, § 248a StGB 54

§ 13 Raub und Erpressung 55

I. Kriminologie und Systematik 55

II. Der Grundtatbestand des Raubes, § 249 StGB 55

1. Grundstruktur und Schutzgüter 55
2. Tatbestand 55
3. Sonstiges 56

III. Raubqualifikationen 56

1.	Einfache Raubqualifikationen, § 250 Abs. 1 StGB	56
2.	Schwere Raubqualifikationen, § 250 Abs. 2 StGB	56
3.	Minder schwerer Fall des Raubes, § 250 III StGB	57
4.	Sonderproblem: Verwirklichung eines Qualifikationsmerkmals im Zeitraum zwischen Vollendung und Beendigung	57

IV. Der Raub mit Todesfolge, § 251 StGB 57
    1. Tatbestand 57
    2. Sonstiges 57

V. Der räuberische Diebstahl, § 252 StGB 58
    1. Grundstruktur – Wesen 58
    2. Tatbestand 58
    3. Sonstiges 58

VI. Der räuberische Angriff auf Kraftfahrer, § 316 a StGB 59
    1. Deliktsstruktur 59
    2. Tatbestand 59
    3. Sonstiges 59

VII. Die Erpressung, § 253 StGB 59
    1. Allgemeines und Deliktsstruktur 59
    2. Verhältnis zu § 249 StGB 59
    3. Tatbestand 60

VIII. Die räuberische Erpressung, § 255 StGB 61
    1. Grund der Qualifikation 61
    2. Tatbestandsaufbau 61

§ 14 Kurzer Überblick über den 22. Abschnitt: 62
    I. Rechtsgut: 62
    II. Kerntatbestände: 62
    III. Betrugsähnliche TB: Computerbetrug gem. § 263a StGB und Erschleichen von Leistungen gem. § 265a StGB 62
    IV. Vermögensgefährdungsdelikte der §§ 264, 264a, 265b StGB 62
    V. Versicherungsmissbrauch gem. § 265 63
    VI. Sportwettbetrug gem. § 265c und Manipulation von berufssportlichen Wettbewerben gem. § 265d 63
    VII. Vorenthalten und Veruntreuen von Arbeitsentgelt gem. § 266a sowie Missbrauch von Scheck- und Kreditkarten gem. 266b 63

§ 15 Betrug 64
    I. Rechtsgut, Aufbau, Kriminologie 64
    II. Der Betrug im Einzelnen 64
        1. Tathandlung: Täuschung über Tatsachen 64
        2. Irrtum und Irrtumserregung 65

	3.	Vermögensverfügung	65
	4.	Vermögensschaden	66
		a) Vermögen	66
		b) Schaden	66
	5.	Der subjektive Tatbestand	67
	6.	Strafbarkeit – Verfolgbarkeit	67
III.		Vertiefung: insbesondere die Abgrenzung von Diebstahl und Betrug	67

§ 16 Die Untreue, § 266 StGB 74

I.		Rechtsgut, kriminalpolitische Bedeutung und Tatbestandsaufbau	74
	1.	Rechtsgut des Untreuetatbestands	74
	2.	Kriminalpolitische Bedeutung und Verfassungsmäßigkeit der Vorschrift	74
	3.	Tatbestandsaufbau	74
	4.	Prüfungsschema:	75
II.		Der Tatbestand im Einzelnen	75
	1.	Objektiver Tatbestand	75
		a) Tatbestandsmerkmale	75
		b) Problemkonstellationen	76
	2.	Subjektiver Tatbestand	76
III.		Sonstiges	77

§ 17 Nachtatdelikte: Begünstigung, Hehlerei und Geldwäsche, Strafvereitelung u.a. 78

I.		Vorbemerkung und Übersicht	78
II.		Begünstigung, § 257 StGB	78
	1.	Allgemeines	78
	2.	Tatbestand	78
	3.	Sonstiges	79
III.		Hehlerei und Geldwäsche	79
	1.	Die Hehlerei, § 259 StGB	79
		a) Schutzgut und Normzweck	79
		b) Tatbestand	79
		c) Sonstiges	80
	2.	Die Geldwäsche, § 261 StGB	80
		a) Entstehungsgeschichte und Schutzgut	80
		b) Tatbestand	80
		c) Sonstiges	81
IV.		Strafvereitelung, falsche Verdächtigung und Nichtanzeige geplanter Straftaten	81
	1.	Die Strafvereitelung, §§ 258 f. StGB	81
		a) Schutzgut	81
		b) Tatbestand	81

        c) Sonstiges 82

    2. Die falsche Verdächtigung, § 164 StGB 82

    3. Das Vortäuschen einer Straftat, § 145d StGB 82

    4. Die Nichtanzeige geplanter Straftaten, §§ 138, 139 StGB 83

§ 18 Sonstige Delikte gegen das Eigentum und gegen spezialisierte Vermögenswerte 84

  I. Die Sachbeschädigung, § 303 StGB 84

    1. Allgemeines 84

    2. Tatbestand 84

    3. Qualifikationen: Zerstören von Bauwerken, § 305 StGB; Zerstören wichtiger Arbeitsmittel, § 305a StGB 84

  II. Die gemeinschädliche Sachbeschädigung, § 304 StGB 85

  III. Die Datenveränderung, § 303a StGB, und die Computersabotage, § 303b StGB 85

    1. Allgemeines 85

    2. Datenveränderung, § 303a StGB 85

    3. Computersabotage, § 303b StGB 85

§ 19 Vorbemerkung zu §§ 20-22: Urkundendelikte, Delikte gegen die Rechtspflege, Straßenverkehrsdelikte, Brandstiftungsdelikte 86

  I. Allgemeines 86

    1. Rechtsgut und Schutzrichtungen 86

    2. Der Urkundenbegriff 86

    3. Dogmatische Besonderheiten 87

  II. Die Urkundenfälschung, § 267 StGB 87

    1. Bedeutung 87

    2. Tathandlung 87

    3. Sonstiges 88

  III. Die Fälschung technischer Aufzeichnungen und beweiserheblicher Daten bzw. Datenverarbeitungsvorgänge, §§ 268 ff. StGB 88

    1. Fälschung technischer Aufzeichnungen, § 268 StGB 88

    2. Fälschung beweiserheblicher Daten, § 269 StGB 88

    3. Täuschung im Rechtsverkehr bei Datenverarbeitung, § 270 StGB 88

  IV. Die Urkundenunterdrückung, § 274 StGB 88

    1. Schutzzweck 89

    2. Tatbestand 89

  V. Die Falschbeurkundung im Amt und die mittelbare Falschbeurkundung, §§ 271, 349 StGB 89

    1. Allgemeines 89

    2. Falschbeurkundung im Amt, § 349 StGB 89

    3. Mittelbare Falschbeurkundung, § 271 StGB 89

- VI. Fälschung und Missbrauch von Ausweispapieren und anderen Urkunden, §§ 273, 275-276a StGB, 281 StGB sowie die Fälschung, Ausstellen und Gebrauch von Gesundheitszeugnissen, § 277-279 StGB 90
  - 1. Schutz amtlicher Ausweise 90
  - 2. Schutz von Gesundheitszeugnissen 90

§ 20 Delikte gegen die Rechtspflege 91
- I. Überblick 91
- II. Ergänzende Übersicht zu § 160 StGB 91
- III. Fälle zu den Aussagedelikten, §§ 153 ff. StGB 92

§ 21 Brandstiftungsdelikte mit Versicherungsbetrug 96
- I. Übersicht 96
  - 1. Allgemeines 96
  - 2. Die Tatbestände im Einzelnen 96
    - a) Brandstiftung, § 306 StGB 96
    - b) Schwere Brandstiftung, § 306a StGB 96
    - c) Besonders schwere Brandstiftung, § 306b StGB 96
    - d) Brandstiftung mit Todesfolge, § 306c StGB 96
    - e) Fahrlässige Brandstiftung, § 306d StGB 97
    - f) Herbeiführung einer Brandgefahr, § 306f StGB 97
- II. Fall 97

§ 22 Straßenverkehrsdelikte und Widerstand gegen Vollstreckungsbeamte 101
- I. Übersicht 101
  - 1. Allgemeines 101
  - 2. Die einzelnen Straßenverkehrsdelikte 101
    - a) Trunkenheit im Verkehr, § 316 StGB 101
    - b) Gefährdung des Straßenverkehrs, § 315c StGB 101
    - c) Verbotene Kraftfahrzeugrennen, § 315 d 101
    - d) Gefährliche Eingriffe in den Straßenverkehr, § 315b StGB 102
    - e) Unerlaubtes Entfernen vom Unfallort, § 142 StGB 102
    - f) Unterlassene Hilfeleistung und Behinderung hilfeleistender Personen, § 323c 103
  - 3. Widerstand gegen oder tätlicher Angriff auf Vollstreckungsbeamte, §§ 113 ff. StGB 103
    - a) Widerstand gegen Vollstreckungsbeamte, § 113 StGB 103
    - b) Tätlicher Angriff auf Vollstreckungsbeamte, § 114 StGB 104
    - c) Widerstand gegen oder tätlicher Angriff auf Personen, die Vollstreckungsbeamten gleichstehen, § 115 StGB 104
- II. Fall 104

§ 1 Einführung in den Besonderen Teil des Strafgesetzbuches

I. Funktion des Besonderen Teils des StGB

Der „Besondere Teil" ist das Kernstück des StGB – Im Wege des sog. Rechtsgüterschutzes erfolgt der Schutz elementarer Voraussetzungen individueller Freiheit – Ziel des Strafrechts ist Freiheitssicherung durch Normstabilisierung im Wege der Strafe

II. Materielle Legitimation von Strafnormen

1. Substantiell werden Strafnormen durch die sog. Strafzwecke legitimiert –

2. Strafe darf freilich nicht übermäßig sein - strafrechtslimitierende Einsichten aus allgemeinen rechtstheoretischen Erwägungen – Strafe muss immer in Relation zur Tat und zu anderen Strafen stehen – weitere Begrenzungen folgen aus dem sog. Talionsprinzip – wichtig ist auch die Abgrenzung des Strafrechts zu einem reinen Ordnungsrecht – für reine Ordnungsverstöße sind Kriminalstrafen nicht angemessen.

3. Fragmentarität, Subsidiarität und ultima-ratio des Strafrechts?

Beispiele für ein fragmentarisches Strafrecht sind: kein allgemeiner Vermögensschutz, Diskussion um Ladendiebstahl als Ordnungswidrigkeitenrecht, Stalking (§ 238 StGB), Begrenzung des Umweltstrafrechts – generelle Forderungen nach einem fragmentarischen Strafrecht sind aber problematisch – richtig ist eine Unterscheidung nach Lebensbereichen – Einordnung des Strafrechts in die Gesamtrechtsordnung

III. Formale Anforderungen an Strafnormen

Insbesondere Art. 103 Abs. 2 GG, in Art. 103 Abs. 2 GG enthaltene Verbote (Analogie? Rückwirkung? Gewohnheitsrecht?) – in Art. 103 Abs. 2 GG enthaltene Gebote (nullum crimen sine lege, nulla poena sine lege, nulla poena sine culpa) – Hintergrund der nulla poena-Sätze – Geschichts- und Gesellschaftsbezogenheit des Strafrechts

IV. Materielle Systematisierung des BT

1. Bedeutung einer Systematisierung

Die Systematisierung des Besonderen Teils dient der Gleichförmigkeit der Rechtsanwendung – Bestimmtheit und Rechtssicherheit

2. Primäre Systematisierung nach Rechtsgütern

Eine erste Systematisierung erfolgt nach sog. Rechtsguter – die wichtigsten Rechtsgüter und die Einteilung der Rechtsgüter sind z.B: Leib, Leben, Freiheit, Eigentum, Vermögen – der Begriff „Rechtsgut" ist dabei historisch durch eine lange und abwechslungsreiche Diskussion aufgeladen – besser sprechen sollte man eigentlich vom rechtlich geschützten Interesse

3. Nur untergeordnete Systematisierung nach Verhaltensnormen

Eine Systematisierung nach Verhaltensnormen erfolgt dagegen nicht – Beispiele wäre etwa eine Systematisierung nach den Geboten: Du sollst nicht töten / Du sollst kein falsches Zeugnis reden / Du sollst nicht gieren nach Deines Nächstes Hauses, Autos etc / Du sollst nicht in gefährdender Weise am Straßenverkehr teilnehmen

V. Systematisches Verhältnis des Besonderen Teils des StGB zum Nebenstrafrecht und sonstigen Strafnormen

Die Strafnormen des StGB kann man „Kernstrafrecht" nennen und zum Nebenstrafrecht (z.B. den Strafnormen im HGB, WpHG etc.) abgrenzen – Länderrechtliche Strafrechtskompetenzen bleiben neben den Strafnormen des StGB bestehen – Kollisionsregeln hierfür enthält Art. 4 EGStGB – Die „Europäisierung des Strafrechts" sorgt für eine langsame Angleichung des Strafrechts in den Mitgliedstaaten der Europäischen Union – Unionsrecht ist bei der Auslegung und Anwendung des StGB vorrangig zu beachten

VI. Das Verhältnis des BT zum AT und zum Prozessrecht

1. Vorrang des BT gegenüber allgemeinen Lehren

Im Einzelfall enthält der Besondere Teil des StGB Normen, die die Regelungen des Allgemeinen Teils überspielen:

> Bsp.: Vorverlagerung der Strafbarkeit/§ 265 StGB (Versicherungsmissbrauch
> Täterschaft und Teilnahme/§ 231 StGB (Schlägerei)
> Unterlassen/§ 221 StGB (Aussetzung)

In diesen Fällen gehen die Normen des Besonderen Teils denen des Allgemeinen Teils vor

2. Wechselwirkungen zwischen dem Besonderen Teil und Strafprozessrecht

Der Strafprozess bzw. das Strafverfahren ist das Instrument zur Verwirklichung des materiellen Strafrechts - das materielle Strafrecht wird im Strafverfahren häufig „reduziert", indem die Strafverfolgung sich auf einzelne, aber wesentliche Tatbestände oder Vorwürfe beschränkt – zugleich wurden einzelne Tatbestände zur Erleichterung der Strafverfolgung geschaffen – dazu gehören z.B. Vorfeldtatbestände, um das Aufgreifen von Ermittlungen zu erleichtern.

§ 2 Straftaten gegen das Leben

I. Kriminologie und Rechtsgut der Straftaten gegen das Leben

1. Kriminologie der Tötungsdelikte

In der polizeilichen Kriminalstatistik ca. 1.000 vollendete und ca. 2.000 versuchte Straftaten gegen das Leben – Dunkelziffer je nach Schätzung zwischen 1:3 und 1:5

In der Strafverfolgungsstatistik ca. 750 Verurteilungen (einschließlich der Versuchsfälle) – Aufklärungsquote 90 %

Erklärung der statistischen Auffälligkeiten?

2. Das Rechtsgut „Leben"

Mangel an materiellen Beschreibungsversuchen des Rechtsguts „Leben" – Begründung. Evidenz – überzeugend?

3. Das Prinzip des absoluten Lebensschutzes

Grundlegende Wertentscheidung in Art. 2 Abs. 2 S. 1 GG – also: kein „lebensunwertes" Leben

Relativierungen? Insbesondere am Beginn und am Ende des menschlichen Lebens – medizintechnische Hintergründe und Abwägungsprobleme mit Freiheitsinteressen der Schwangeren bzw. des ärztlichen Berufsstandes – Gentechnik und Fortpflanzungsmedizin – missbräuchliche Verwendung von Embryonen, Züchtung von Klonen und Chimären

II. Beginn des menschlichen Lebens und vorverlagerter strafrechtlicher Schutz

1. Beginn des menschlichen Lebens

Rechtsordnung knüpft hier in verschiedenen Zusammenhängen an unterschiedliche Zeitpunkte an

BVerfGE 39, 1 für GG: 14. Tag nach der Empfängnis
§ 1 BGB: Vollendung der Geburt

Gründe für die Differenzierung? – relevanter Zeitpunkt für die Auslegung der § 211 ff. StGB? – Entwicklung des strafrechtlichen Begriffsverständnisses im Zusammenhang mit § 217 StGB a.F. (Kindstötung: „in der Geburt"): bei natürlicher Geburt Einsetzen der Eröffnungswehen

Maßgeblicher Zeitpunkt bei Geburt durch Kaiserschnitt? – Öffnung des Uterus

Fallbeispiele: lebendes, aber nicht nennenswerte Zeit lebensfähiges Kind – Contergan-Fall – Totgeburt wegen medizinischer Falschbehandlung – Maßgeblichkeit des Einwirkungszeitpunkts – Begründung

2. Schwangerschaftsabbruch und die Regelung der §§ 218 ff. StGB

Schutzgut: Ungeborenes menschliches Leben – als gegenüber dem menschlichen Leben eigenständigem Rechtsgut (str.) – nach tvA auch Leben und Gesundheitsinteressen der Schwangeren

Historische Entwicklung:

- Bis 1974: grds. Strafbarkeit des Schwangerschaftsabbruchs – Ausnahme: § 34 StGB – aber schleichender Wandel seit 1968 (1968 2.858 legale Abbrüche; 1974 17.814 legale Abbrüche)
- 5. StrRG vom 18.6.1974: Fristenlösung = Straflosigkeit des Schwangerschaftsabbruchs in den ersten 12 Wochen der Schwangerschaft
- BVerfGE 39,1 (Erste Abtreibungsentscheidung): Verfassungswidrigkeit der Fristenlösung
- 15.StrÄndG vom 18.5.1976 erlaubt Schwangerschaftsabbruch bei medizinischer, embryopathischer, kriminologischer und sozialer Indikation
- Schwangeren- und Familienhilfegesetz vom 27.7.1992: Fristenlösung mit Beratungspflicht
- BVerfGE 88, 203 (Zweite Abtreibungsentscheidung): Teilweise Verfassungswidrigkeit auch dieser Fristenlösung
- Schwangeren- und Familienhilfeänderungsgesetz vom 21.8.1995: Tatbestandsausschluss bei Fristenlösung, § 218a StGB in Kombination mit Rechtfertigung bei weit verstandener medizinischer Indikationslösung (§ 218a Abs. 2 und 3) und persönlichem Strafausschlussgrund im Sonderfall des § 218a Abs. 4)
- Aktuell etwa 80 – 90.000 Schwangerschaftsabbrüche/Jahr

Wesen des Schwangerschaftsabbruchs gem. § 218a StGB: Erfolgsdelikt – Abbrechen der Schwangerschaft = Abtöten der Leibesfrucht

Zeitraum: Beginn der Nidation (= 5 bis 7 Tage nach Beginn der Schwangerschaft) bis zur Eröffnung der Geburt – Überleben der Frau ist nicht notwendig

Tathandlungen: Unterlassen ist nur ausnahmsweise denkbar – regelmäßig Verletzungs- und Tötungshandlungen gegenüber der Schwangeren- auch: Suizidversuch der Schwangeren selbst

Abs. 2: besonders schwerer Fall

Abs. 3.: Privilegierung für einen Selbstabbruch der Schwangeren

Abs. 4: Anordnung der Versuchsstrafbarkeit, S. 2 persönlicher Strafausschließungsgrund für die Schwangere

Straflosigkeit des Schwangerschaftsabbruchs gem. § 218a StGB; §§ 218 b und c:
- § 218a setzt immer einen ärztlichen Schwangerschaftsabbruch voraus
- § 218a Abs. 1: Tatbestandsausschluss bei ärztlicher Beratung und Schwangerschaftsabbruch innerhalb einer Frist von 12 Wochen seit der Empfängnis – Grundsätze für die Beratung sind in § 219 aufgestellt
- § 218a Abs. 2: Rechtfertigung bei einer medizinischen Indikation aber auch bei „versteckter embryopathischer Indikation" über eine medizinische Indikation bei der Mutter
- § 218a Abs. 3: Sonderregelung für eine als medizinische Indikation verkleidete kriminologische Indikation
- § 218b und 21bc: Absicherung der ordnungsgemäßen ärztlichen Beratung und Untersuchung

Pönalisierung des Vorbereitungsstadiums durch § 219a und b StGB – Relevanz nur für Dritte – Schwangere bleibt insoweit straflos – Strafbarkeit der Werbung für einen Schwangerschaftsabbruch (§ 219a) und des Inverkehrbringens von Mitteln zum Abbruch einer Schwangerschaft (§ 219b)

III. Ende des menschlichen Lebens – insbes. Suizid und Sterbehilfe

1. Ende des menschlichen Lebens

Grds. Schutz des menschlichen Lebens bis zu dessen Ende – aber: auch hier Fehlen einer materialen Diskussion um den Begriff des „Menschen" und maßgeblicher Wandel aufgrund medizinisch-technischer Entwicklung:

Ursprünglich: Stillstand von Atmung und Kreislauf – überholt mit erster Herzverpflanzung 1967

Seit 1968: Maßgeblichkeit des Hirntodes (Ganzhirntod) – etabliert durch Kommission der Harvard Medical School – gesetzlicher Niederschlag im Transplantationsgesetz

Neuere Ansätze im Schrifttum: Allgemein Tendenz zur Vorverlagerung des Todeszeitpunktes – bekannt ist vor allem Ansatz von *Dencker* (NStZ 1992, 31): Tod ist nicht der Hirntod, sondern das endgültige Abschneiden einer Chance zu leben = Maßgeblichkeit des sog. Kortikaltodes – also: irreversible Bewusstlosigkeit aufgrund irreversibler schwerer Hirnschädigung, die zum alsbaldigen Stillstand aller Hirntätigkeit führen wird

Weitere Ansätze: sog. Teilhirntodkonzepte (kognitiver Tod; personaler Tod)

2. Suizid und Sterbehilfe

a) rechtlich unproblematische Fälle und eigentliche Problemfelder

keine Probleme nach dem Eintritt des Hirntodes – weiter keine Probleme bei Teilnahme an frei gewählter und eigenverantwortlicher Selbsttötung

b) Sterbehilfe

historischer Missbrauch des Euthanasiegedankens – Hintergrund der aktuellen Diskussion um Sterbehilfe: gefangen in naturalistischer Leben/Tod-Semantik – aber: Gehalt des ärztlichen Behandlungsauftrags? – bemisst sich das, was dem Menschen nützt, nach seinem nackten Überleben oder seinem persönlichen Wohl? – Differenzierungen innerhalb der aktuellen Diskussion:

- Eigentliche Sterbehilfe: tatbestandslose Schmerzlinderung bzw. Bewusstseinslähmung – straflos, da tatbestandslos
- Indirekte Sterbehilfe: Lebensverkürzung als unbeabsichtigte Nebenfolge (hM: erlaubtes Risiko; aA Tatbestandsausschluss, § 34 StGB, Einwilligung)
- Beihilfe zur Selbsttötung: tatbestandslos
- Passive Sterbehilfe: Unterlassen lebensverlängernder Maßnahmen – Maßgeblichkeit des (mutmaßlichen) Patientenwillens – Bedeutung sog. Patientenverfügungen
- Aktive/direkte Sterbehilfe: früher überwiegend Strafbarkeit des Arztes bejaht (vgl. BGHSt 37, 379) – anders nach heutiger BGH-Rspr:

BGH 2 StR 454/09: maßgeblich ist auch bei Rechtfertigung eines Behandlungsabbruchs durch positives Tun nur der Patientenwille - Unterscheidung zwischen Tun und Unterlassen wird dem sachlichen Unterschied zwischen einer Tötungshandlung und Verhaltensweisen, die dem Sterbevorgang seinen Lauf lassen, nicht gerecht.

c) Abgrenzung von frei verantwortlicher Selbsttötung und Fremdtötung

praktische Relevanz der Selbsttötung: jährlich über 10.000 Selbsttötung und ca. 250.000 bis 750.000 Selbsttötungsversuche

strafrechtliche Relevanz? – historisch: Strafbarkeit der Selbsttötung als Verletzung besonderer Pflichten gegenüber der Gemeinschaft (Rom) bzw. als besondere Form von Gotteslästerung (altdeutsches Recht) – heute: h.M. Straflosigkeit der Selbsttötung (vereinzelte Auffassung: Entschuldigung)

problematisch heute nur noch Strafbarkeit Dritter – Einführung einer expliziten Strafbestimmung wurde vom Gesetzgeber abgelehnt – folgende Fallkonstellationen sind nach allgemeinen Zurechnungsgrundsätzen zu unterscheiden:
- Täterschaftliches Handeln eines Dritten (BGHSt 19, 135 – Gisela-Fall)
- Mittelbare Täterschaft (BGHSt 32, 38 – Sirius-Fall)
- Unterlassenstäterschaft – Bsp. Hausarztfall
- Fahrlässige Tötung – Bsp. Polizeipistolenfall
- § 323c StGB – Bsp. Lörracher Haussturzfall

als Minus zur Selbsttötung sind auch frei verantwortlich gewollte und verwirklichte Selbstgefährdungen nicht tatbestandsmäßig – umstritten ist, ob zur dogmatischen Begründung auf den Schutzzweck der Norm, das Prinzip der Eigenverantwortlichkeit oder des erlaubten Risikos abgestellt werden soll

nach hM von der Selbstgefährdung zu unterscheiden ist die einverständliche Fremdgefährdung, die ggf. nach § 216 bzw. § 222 StGB strafbar ist, arg: Strukturunterschied zwischen beiden Formen der Opferbeteiligung (aA Gleichbehandlung beider Fallgruppen) - Abgrenzungskriterien

- Früher: Mitbeherrschung des Kausalverlaufs genügt für Annahme einer Fremdgefährdung
- Neuere Tendenz: maßgeblich ist, wer die Gefährdungsherrschaft trägt

IV. Der Tatbestand des Totschlags und seine Privilegierungen

1. Rechtsvergleichende Erwägungen

Nahezu jedes Rechtssystem unterscheidet zwischen verschiedenen Formen der vorsätzlichen Tötung – unterschiedlich ist freilich der Grund der Differenzierung

Bsp. common law: Unterscheidung nach der subjektiven Tatseite und Überlegenheit des Handelns – Mord als vorbedachte Tötung und Totschlag als einfache vorsätzliche Tötung

2. Historische Entwicklung der Tatbestände im deutschen Recht

Im altdeutschen Recht zunächst verwerfliche Gesinnung als Maßstab für Mord – Schluss auf verwerfliche Gesinnung aus äußeren Umständen und insbesondere aus planvollüberlegtem Vorgehen wie z.B. Heimlichkeit der Tat, Begehung der Tat zur Nachtzeit oder aus inneren Umständen wie z.B. Gewinnsucht

Beibehaltung dieser Unterscheidung im Code penal von 1810 und im preuss. StGB von 1851 – aber: erhebliche Probleme bei der Rechtsanwendung – Ergebnisse teils als ungerecht empfunden – Bsp.: nach langen Gewissensqualen durchgeführte Tötung aus Mitleid

Folge: Reform der Tötungstatbestände im Jahr 1941 (ausführlich dazu BGHSt 9, 385, 387 ff.) – Mord als ethisch verwerfliche Tötung – klare Bestimmung durch Festlegung verschiedener Mordmerkmale

nächster wesentlicher Entwicklungsschritt – Entscheidung BVerfGE 45, 187 zur lebenslangen Freiheitsstrafe

Haftdauer für einfachen Mord heute in der Regel bei 15 Jahren – bei besonderer Schwere der Schuld bei 15 bis 20 Jahren – in Einzelfällen auch über 30 Jahre (zu einer Haftdauer von 38 Jahren BVerfG NJW 1995, 3244 und dazu NJW-Schriftleitung NJW 1995, 3246) – Entscheidung über die genaue Haftdauer bei besonderer Schwere der Schuld nur einem relativ nahen Vorfeld vor der gesetzlichen Mindestverbüßungszeit von 15 Jahren, in der Regel nach 13 Jahren (§ 454 Abs. 1 S. 4 Nr. 2b StPO)

Seit 2013 verstärkte rechtspolitische Diskussion um eine Reform des Mordtatbestandes – kritisiert wird insbesondere die starre Kasuistik des § 211 Abs. 2 StGB – Anwendungsprobleme insbesondere bei Tötungen im sozialen Nahbereich (Bsp. Haustyrannen-Mord) –

2014 Vorschlag des deutschen Anwaltsvereins (DAV-Stellungnahme 1/2014) iSe „großen Lösung": Abschaffung des Mordparagraphen und dessen Ersetzen durch einen umfassenden Tatbestand der „Tötung" mit verschiedenen Freiheitsstrafen bis hin zu lebenslanger Freiheitsstrafe – Annäherung an §§ 75, 76 öStGB – Kritik: Abschaffen der lebenslangen Freiheitsstrafe „durch die Hintertür"

Juni 2015 Vorschlag der Expertenkommission des BMJ iSe. „kleinen Lösung": Ersatz der auf eine Tätertypologie hinweisenden Terminologie „Mörder" / „Totschläger" – Beibehaltung des Stufenmodells „Totschlag – Mord" – alle aktuellen Mordmerkmale bleiben – aber Konkretisierung von ‚Heimtücke' und ‚niedrigen Beweggründen': niedrige Beweggründe liegen vor, wenn der Täter sein Opfer wegen dessen Geschlecht, der Zugehörigkeit zu einer ethnischen oder rassischen Gruppe, wegen seines religiösen Bekenntnisses oder seiner sexuellen Identität oder Orientierung tötet, nicht dagegen bei politisch oder terroristisch gefärbten Beweggründen – bei der Heimtücke wird eine sprachliche Verbesserung vorgeschlagen, ohne sich auf einen konkreten Wortlaut festzulegen - Votum für eine unveränderte Beibehaltung des umstrittenen Mordmerkmals der "Verdeckungsabsicht" – zur Verwirklichung von Einzelfallgerechtigkeit sollen die Gerichte künftig die Möglichkeit haben, anstelle der lebenslangen eine zeitige Freiheitsstrafe zu verhängen – an diesem Punkt ist die Reform schlussendlich politisch gescheitert

3. Der Tatbestand des Totschlags

Objektiver Tatbestand: Tötung eines Menschen – keine Einschränkung der Begehungsweise – Beispiele: Tötung durch Unterlassen, Tötung in mittelbarer Täterschaft

Subjektiver Tatbestand: dolus eventualis bez. aller obj. Tatbestandsmerkmale ausreichend – restriktive Tendenzen in der Rechtsprechung, sog. Hemmschwellen-Theorie – Bsp. AIDS-Infizierung durch ungeschützten Geschlechtsverkehr

Rechtswidrigkeit: regelmäßig § 32 StGB – Rechtfertigung gem. § 34 StGB nicht möglich

§ 212 Abs. 2 StGB praktisch kaum von Bedeutung

Konkurrenzen: Subsidiarität einer als Durchgangsstadium begangenen Tötung

4. Privilegierungen des Totschlags - §§ 213, 216 StGB

a) Minder schwerer Fall des Totschlags, § 213 StGB

erhebliche praktische Relevanz – Anwendung bei rund 20 % aller Verurteilungen wegen vorsätzlicher Tötung

nach hL bloße Strafmilderungsregel – umstritten für Affekttotschlag (§ 213 1.Alt StGB), der nach tvA ein Privilegierungs*tatbestand* darstellen soll – gegen letztgenannten Auffassung spricht aber der Wortlaut von § 213 2. Alt StGB *„sonst* ein minder schwerer Fall"

1. Alt.: durch Misshandlung oder schwere Beleidigung zum Zorn gereizt ohne Schuld auf der Stelle zur Tat hingerissen – Wortlaut missglückt – Misshandlung und Beleidigung sind nicht in

engem tatbestandlichen Sinn zu verstehen – ohne Schuld meint ohne eigene Veranlassung – „auf der Stelle" setzt Fortwirkung des Affektes voraus, ein unmittelbarer zeitlicher Zusammenhang ist nicht zwingend erforderlich (BGH NStZ-RR 2011, 10)

2. Alt.: setzt bei einer Gesamtbewertung nach dem Tatbild einschließlich aller subjektiven Momente und der Täterpersönlichkeit eine erhebliche Abweichung vom Durchschnitt der erfahrungsgemäß vorkommenden Fälle voraus

b) Tötung auf Verlangen, § 216 StGB

Hintergrund der Vorschrift in der Aufklärungszeit – Selbstbestimmungsrecht des Getöteten – Nähe zur Selbsttötung – aber klares gesetzgeberisches Programm: kein Abwälzen der Tötungshandlungen auf andere Personen – Angemessenheit der Vorschrift angesichts aktueller Diskussion um die Sterbehilfe?

Dogmatische Stellung umstritten – hL: unselbstständige Privilegierung von § 212 StGB – anders Rspr.: eigenständige Vorschrift – Relevanz dieser Unterscheidung insbesondere in Fällen der Teilnahme

Objektiver Tatbestand: ausdrückliches und ernsthaftes Verlangen nötig – Verlangen = tätiges Einwirken auf die Willensbildung des Täters – also mehr als bloße Einwilligung notwendig – kein Bestimmen beim omnimodo facturus – Verlangen als bestimmender Umstand eines Motivbündels genügt – Möglichkeit einer Begehung durch Unterlassen

Irrtumsfälle – insbesondere § 16 Abs. 2 StGB

Abgrenzung zur Beihilfe zur Selbsttötung siehe oben III.; Rückgriff auf § 213 StGB insoweit ausgeschlossen

c) § 217 Geschäftsmäßige Förderung der Selbsttötung

Regelung erhebt strukturelle Beihilfehandlung mangels strafbarer Haupttat unter der Voraussetzung der Geschäftsmäßigkeit zur eigenständigen Haupttat – eingefügt und inkraft seit Dezember 2015 im Rahmen der politischen Diskussion um die Sterbehilfe, vgl. BT-Drs. 18/6573

V. Der Tatbestand des Mordes

1. Rechtsnatur des Mordtatbestandes und dogmatische Einordnung der Mordmerkmale

Umstritten ist zunächst Rechtsnatur des Mordtatbestandes: Rspr geht insoweit von einem eigenständigen Tatbestand aus – hL versteht § 211 dagegen als Qualifikation zu § 212 – Relevanz der Diskussion? – Möglichkeit der restriktiven Auslegung des § 211 in Sonderfällen, Fragen der Beteiligung in § 28 StGB

Weiteres Problem: Dogmatische Einordnung der Mordmerkmale – hM alle Mordmerkmale sind Tatbestandsmerkmale (aA Schuldmerkmale, aA Doppelnatur, tvA Differenzierung zwischen unrechts- und schulderhöhenden Mordmerkmalen) – aber: erste und dritte Gruppe subjektive Merkmale (also Prüfung im subjektiven Tatbestand) und zweite Gruppe objektive Merkmale (also Prüfung im objektiven Tatbestand sowie Vorsatz bezogen auf die objektiven Tatbestandsmerkmale)

2. Die Mordmerkmale im Einzelnen

a) Die Mordmerkmale der ersten Gruppe

Gemeinsamkeiten: subjektive Absichten und Motive – verfassungsrechtliche Aspekte

> Mordlust = unnatürliche Freude an der Vernichtung eines Menschenlebens – wie bei Tötungen zum Zeitvertreib bzw. ohne jeden Anlass und Zweck?

> Befriedigung des Geschlechtstriebs – klar erfüllt, wenn sexuelle Befriedigung gerade durch den Tötungsakt erlangt werden soll – ausreichend aber auch, wenn anschließend nekrophile Akte vorgenommen werden sollen oder Tod bloße Nebenfolge des sexuell angetriebenen Verhaltens ist – maßgebend ist Zielrichtung des Handelns, tatsächliches Erreichen der erstrebten sexuellen Befriedigung nicht notwendig

> Habgier = rücksichtsloses Gewinnstreben um jeden Preis – erforderlich ist auch hier Bewusstseinsdominanz der Habgier, ausreichend ist aber Habgier als Teil eines Motivbündels – Ablehnung der Anwendung der Rechtsfolgenlösung auf Habgier

> sonstige niedrige Beweggründe = Motive, die nach allgemeiner sittlicher Wertung auf tiefster Stufe stehen, durch hemmungslose Eigensucht bestimmt sind und deshalb besonders verachtenswert sind – Bsp. Tötung der Ehefrau als Hindernis eines Liebesverhältnisses; Ausländerfeindlichkeit; Neid oder ungesunder Geltungsdrang

b) Die Mordmerkmale der zweiten Gruppe

Gemeinsamkeiten: Begehungsweise – verfassungsrechtliche Aspekte

> gemeingefährliche Mittel – konkrete Gefährdung unbeteiligter Werte, insbes. von Menschenleben (aA abstrakte Gefährlichkeit ausreichend) – individuelle Bestimmung nach den Fähigkeiten des Täters – Bsp. Maschinenpistole in der Hand des Ungeübten

> grausam = Zufügen besonders starker Schmerzen oder Qualen körperlicher oder seelischer Art aus gefühlloser und unbarmherziger Gesinnung

> heimtückisch = Ausnutzen der Arg- und Wehrlosigkeit des Opfers in feindlicher Gesinnung – feindseliger Haltung des Täters gegen das Opfers zeigt sich darin, dass er dessen Arg- und Wehrlosigkeit zum Töten ausnutzt, und sie damit dem Gesamtbild der Tat das Gepräge gibt – Wehrlosigkeit muss Folge der Arglosigkeit – Bsp.: regelmäßig nicht bei Kleinkindern und Bewusstlosen, anders bei Schlafenden; Wehrlosigkeit trotz Tragen einer Waffe, wenn das Opfer sich keines Angriffs versieht

– normativ orientierte einschränkende Auslegung der Heimtücke in besonderen Fallkonstellationen

c) Mordmerkmale der dritten Gruppe

Strafgrund: verwerfliche Absicht und Verknüpfung von Unrecht mit weiterem Unrecht durch den Täter

> Absicht, eine andere Straftat zu ermöglichen oder zu verdecken – Begriff der Straftat ist im weiteren Sinne zu verstehen und erfasst erst recht Ordnungswidrigkeiten – ausreichend ist auch die Straftat eines anderen – nicht ausreichend ist aber die Verdeckung der Tötungshandlung („andere Straftat" – Erfordernis einer Zäsur? Str., vgl. BGH NStZ 2002, 253) – Mittel zur Verdeckung muss zum Tod des Opfers führen (Verknüpfungserfordernis) - Verdeckungsabsicht kann auch Vorliegen, wenn die Straftat objektiv bereits entdeckt war – Absicht nur in Bezug auf Verdecken bzw. Ermöglichen der Straftat und damit also in Bezug auf die Verdeckungshandlung notwendig, im Übrigen genügt dolus eventualis

Problematisch in Fällen des unechten Unterlassens: Bedenken betreffen vor allem Gleichwertigkeit des Unterlassens mit positivem Tun (Entsprechungsklausel des § 13 StGB – Lit.: Verdecken bedeutet nicht aufdecken!) – neuere Rechtsprechung und Literatur nehmen Gleichwertigkeit aber zunehmend an

Verdecken derselben Tat oder einer nicht strafbaren Handlung kann ggf. einen sonstigen niedrigen Beweggrund darstellen

d) Verneinung des Mordtatbestandes trotz Vorliegen eines Mordmerkmals?

Verschiedene Versuche zur Einschränkung des Mordtatbestandes im Anschluss an BVerfG 45, 187 – grundsätzlich zwei Lösungsmöglichkeiten: Restriktion auf der Ebene des Tatbestandes oder auf der Rechtsfolgenseite
- BGHSt 30, 105: Einschränkung des Mordtatbestandes auf der Rechtsfolgenseite
- im Schrifttum: Lehre von der Typenkorrektur fordert bei allen Tatbestandsmerkmalen eine Gesamtwürdigung – aber: Lehre bietet keine festen Maßstäbe
- in Richtung negativer Typenkorrektur geht BGHSt 35, 116 (119) für die Einschränkung der Verdeckungsabsicht

3. Insbesondere Beteiligungskonstruktionen

a) Täterschaft

Bei Alleintäterschaft ergeben sich keine Probleme – bei Mittäterschaft ggf. Besonderheiten, wenn täterbezogene Mordmerkmale nur bei einer Person vorliegen – im Einzelfall kann also ein Mittäter wegen Mordes strafbar sein und der andere nur wegen Totschlags

b) Teilnahme und limitierte Akzessorietät gem. § 28 StGB

unproblematisch tatbezogene Mordmerkmale (2.Gruppe) – diese Mordmerkmale fallen nach ganz hM nicht unter § 28 StGB – insoweit bestehen gegenüber sonstigen Beteiligungsfällen keine Besonderheiten

anders bei täterbezogenen Mordmerkmalen (also 1. und 3. Gruppe) – hier Relevanz der grundsätzlichen Qualifikation des Mordtatbestandes:
- BGH: Mord als eigenständiger Tatbestand – Mordmerkmale als strafbegründende Merkmale – ausschließliche Anwendung von § 28 Abs. 1 StGB – Strafmilderungsgrund
- hL: Mord als Qualifikationstatbestand – Mordmerkmale als strafschärfende Merkmale – Anwendung von § 28 Abs. 2 StGB bzw. von § 29 StGB (was regelmäßig zu gleichen Ergebnissen führt) – Prüfung im subj. Tatbestand bzw. in der Schuld

c) Ausblick

Tendenz in der Rechtsprechung des BGH, in der Literatur geübte Kritik zum Verhältnis von § 212 zu § 211 zu rezipieren – Folge?

VI. Die fahrlässige Tötung, § 222 StGB

1. Kriminologische, kriminalpolitische und dogmatische Bedeutung

Praktisch besondere Bedeutung im Bereich des Straßenverkehrs, bei medizinischer Fehlbehandlung sowie bei Verstößen gegen Unfallverhütungsvorschriften im Bereich des Arbeitslebens

Ca. 1.000 – 1.500 Verurteilungen wegen fahrlässiger Tötung im Straßenverkehr pro Jahr – im Übrigen nur ca. 400 Verurteilungen –

Kriminalpolitisch liegen Schwierigkeiten vor allem bei der Bestimmung dessen, was als rechtlich gebilligte Gefahrschaffung aus dem Bereich des Strafrechts ausgegliedert werden soll – Bsp. Gesundheitswesen, Großrisiken, Unterlassen prophylaktischer Maßnahmen im Straßenverkehr

2. Tatbestandsstruktur

wie klassisches Fahrlässigkeitsdelikt – Aufbau? - Wiederholung: klassisches Verständnis des Fahrlässigkeitsdelikts - Modifikation durch die Lehre von der objektiven Zurechnung

3. Bedeutsame Problematiken

- Zurechnungsfragen
- Bestimmung des Fahrlässigkeitsmaßstabs
- Abgrenzung Fahrlässigkeit/Eventualvorsatz
- Selbstgefährdung des Opfers
- Unterlassen

VII. Die Aussetzung, § 221 StGB

1. Geschichtlicher Hintergrund und Kriminologie

Historisch relativ junger Tatbestand – erstmals normiert in Peinlicher Gerichtsordnung von 1532 als „von sich legen" von Kindern durch die Mutter – erst im bay. StGB von 1813 als „Aussetzung" zu einem Allgemeindelikt umgestaltet – Begriff der Aussetzung erscheint nach der Neugestaltung durch das 6. StrRG nur noch in der amtlichen Überschrift

Deliktsnatur: konkretes Gefährdungsdelikt – Verhinderung von Gefahren für das Leben und schweren Gesundheitsschäden

heute ca. 20 Verurteilungen/Jahr – in der Literatur befürchtete „erhebliche Erweiterung" des Tatbestandes scheint in der Praxis bislang ausgeblieben zu sein

2. Grundtatbestand des § 221 Abs. 1 StGB

> Versetzen in eine hilflose Lage = Herbeiführen einer Situation, in der sich das Opfer nicht mehr ohne fremde Hilfe gegen Gefahren für Leib oder Leben schützen kann und solcher Hilfe entbehrt – typische Tatmittel sind Täuschung, Drohung, Gewalt

> Imstichlassen = Unterlassen einer möglichen Hilfeleistung – Erfordernis eines Obhutsverhältnisses bzw. einer Beistandspflicht verlangt nach einer Beschützergarantenstellung des Täters – Anwendbarkeit der Grundsätze des unechten Unterlassungsdelikts gem. § 13 StGB –

Subjektive Tatseite: Vorsatz muss nach hM in beiden Alternativen die Tathandlung bzw. die für die Garantenstellung und die Garantenpflicht maßgeblichen Umstände sowie den Eintritt einer konkreten Gefährdung erfassen

3. Qualifikationen gem. § 221 Abs. 2-4 StGB

Abs. 2 Nr. 1 = Qualifikation für das Aussetzen von Kindern – 2. Alt. erfasst insbes. Stief- und Pflegekinder

Abs. 2 Nr. 2 = Erfolgsqualifikation der schweren Gesundheitsschädigung

Abs. 3 = Erfolgsqualifikation des Todes

Abs. 4 = Strafmilderung für minder schwere Fälle der Qualifikationen

4. Konkurrenzen

Tateinheit zu §§ 142, 223 StGB - § 323c und 171 StGB (Verletzung der Fürsorgepflicht) werden im Wege der Gesetzeskonkurrenz verdrängt bei Vorliegen einer vollendeten vorsätzlichen Tötung tritt § 221 idR im Weg der Gesetzeskonkurrenz zurück

Prof. Dr. Mansdörfer Strafrecht Besonderer Teil

§ 3 Straftaten gegen die körperliche Unversehrtheit, §§ 223 – 231 StGB

I. Kriminologie, Rechtsgut und Systematik der körperlichen Unversehrtheit

1. Kriminologie

Massenphänomen – rund 60.000 Aburteilungen/Jahr, davon rund 40.000 Verurteilungen, 17.000 Einstellungen, 3.000 Freisprüche – Erklärung für die hohe Zahl an Einstellungen?

Gesellschaftlicher Hintergrund der Gewaltkriminalität – Unterschied zwischen subjektivem Gewalterleben und subjektivem Gewaltempfinden – Verschiebung der Erheblichkeitsschwelle nach unten – Vergleich zur historischen Entwicklung – Fehlen eines Körperverletzungstatbestandes noch in der Peinlichen Gerichtsordnung von 1532 und Beschränkung des Tatbestandes auf „Verwundungen und andere blutrünstige Gewalttätigkeiten" in der Theresiana von 1768 (Österreich) und ähnlich noch im Code penal von 1810

2. Rechtsgut der körperlichen Unversehrtheit

Rechtsgut ist körperliches und gesundheitliches Wohlbefinden – seelische Beeinträchtigungen nur mittelbar über physische Auswirkungen – im Übrigen umfassender Schutz – indirekt Schutz auch gegen sonstige menschenunwürdige Behandlung (BGHSt 25, 277) – Tatobjekt ist immer ein anderer Mensch – Selbstverletzungen und –gefährdungen sind straflos

3. Systematik der Körperverletzungsdelikte

a) vorsätzliche Körperverletzung, § 223 StGB – Qualifikationen wegen der Gefährlichkeit der Handlung (§ 224) oder wegen der Schwere des Erfolges (§§ 225-227) - § 226a (= Verstümmelung weiblicher Genitalien) schützt körperliche und psychische Integrität von weiblichen Personen

b) fahrlässige Körperverletzung, § 229 StGB

c) Beteiligung an einer Schlägerei, § 231 StGB - Gefährdungsdelikt

II. Der Grundtatbestand der einfachen Körperverletzung

1. Grundstruktur

zwei Tatbestandsalternativen: Misshandlungs- / Gesundheitsbeschädigungsalternative

2. Die körperliche Misshandlung

Misshandlung = üble und unangemessene Behandlung, die das körperliche Wohlbefinden oder die körperliche Unversehrtheit mehr als nur unerheblich beeinträchtigt – Erfolgs- und Handlungskomponente – Würdigung der Definition unter dem Gesichtspunkt der Lehre von der rechtlich missbilligten Gefahrschaffung

Erheblichkeitsschwelle? – Bsp. fehlen von subjektivem Schmerzempfinden, Defloration, Haare schneiden

3. Die Gesundheitsbeschädigung

Gesundheitsbeschädigung = Hervorrufen oder Steigern eines vom Normalzustand der körperlichen Funktionen des Opfers nachteilig abweichenden krankhaften (pathologischen) Zustandes

4. Sonstiges

Subjektiver Tatbestand

Strafbarkeit des Versuchs, § 223 Abs. 2 StGB

Rechtsfolgen – Strafverfolgung – Strafantrag gem. § 230 StGB

III. Die gefährliche Körperverletzung, § 224 StGB

Neugestaltung des Tatbestandes durch das 6. StrRG aus § 223a StGB a. F. – Untergliederung des Tatbestandes in Nr. 1 – 5 – Aufnahme der Vergiftung (§ 229 a.F.) – Grundgedanke der Vorschrift und subjektive Voraussetzungen

1. Beibringen von Gift, § 224 Abs. 1 Nr. 1 StGB

Gift = jeder organische oder anorganische Stoff, der unter bestimmten Bedingungen durch chemische oder physikalisch-chemische Wirkung die Gesundheit zu schädigen geeignet ist

Beibringen = jede Art des Einführens oder Anwendens, durch die der Stoff seine gesundheitsschädigende Wirkung entfalten kann – unter § 229 a.F. gesundheitszerstörende Wirkung erforderlich – Gründe für die Neufassung? – zum Teil gleichwohl einschränkende Interpretation verlangt etwa im Sinne einer Eignung zu einer schweren Körperverletzung iSv. § 226 StGB

2. Einsatz eines gefährlichen Werkzeugs, § 224 Abs. 1 Nr. 2 StGB

Hintergrund der Qualifikation

Gefährliches Werkzeug = jeder bewegliche Gegenstand, der nach der konkreten Art der Verwendung geeignet ist, einem anderen erhebliche Verletzungen zuzufügen – wie bei unbeweglichen Gegenständen, Körperteilen?

Waffe = Gegenstand, der zur Verletzung eines anderen Menschen bestimmt ist - Beispiele

3. Hinterlistiger Überfall, § 224 Abs. 1 Nr. 3 StGB

Hintergrund der Qualifikation

Hinterlist = planmäßiges, auf Verdeckung der wahren Absicht berechnetes Vorgehen

Überfall = jeder plötzliche und unerwartete Angriff auf eine Ahnungslosen

4. Gemeinschaftliche Körperverletzung, § 224 Abs. 1 Nr. 4 StGB

Gemeinschaftlich = aktives und einverständliches Zusammenwirken von mindestens zwei Personen – jede Beteiligung eines anderen genügt (Wortlaut), nicht notwendig ist mittäterschaftliches Handeln (gegenteilige frühere Auffassung ist durch Neufassung von 3 224 StGB überholt)

5. Lebensgefährliche Behandlung, § 224 Abs. 1 Nr. 5 StGB

Hintergrund der Qualifikation

Lebensgefährliche Behandlung = Handlung, die nach den objektiven Umständen konkret geeignet ist, das Leben des Opfers in Gefahr zu bringen – subjektiv kein Vorsatz hinsichtlich der Lebensgefährdung – Exemplifizierung

IV. Die schwere Körperverletzung, § 226 StGB

Erfolgsqualifikation – Folge? § 18 StGB

Abs. 1 nur bei fahrlässigem oder bedingt vorsätzlichem Herbeiführen der schweren Folge

Abs. 1 Nr. 1 Verlust besonderer physischer Fähigkeiten

Abs. 1 Nr. 2 wichtiges Glied – Glied = Körperteil mit besonderer Funktion im Gesamtorganismus – auch Organe? – Bestimmung der Wichtigkeit eines Gliedes – generalisierende (hM) oder individualisierende (hL) Betrachtung

Abs. 1 Nr. 3 erheblich entstellt = wesentliche Entstellung der äußeren Erscheinungsform – Exemplifizierung – Dauer?

Bedeutung medizinischer Behandlungsmöglichkeiten? (str.)

Abs. 2 Strafschärfung bei Absicht und sicherem Wissen

V. Strafbarkeit der Beschneidung weiblicher Genitalien, § 226a StGB

Zum Gesetzgebungsverfahren BT-Drs. 17/13707

Betrifft nach Schätzungen ca. 6.000 in Deutschland von Genitalverstümmelung bedrohte Mädchen – vor der Gesetzgebungsregelung ist in Deutschland aber nur 1 Fall bekannt geworden (LG Münster 11.3.2002 – 16 Ns 55 Js 1669/99) – auch aktuell praktisch ohne Bedeutung

Eigenständiger Tatbestand kriminalpolitisch erwünscht – alternative Erweiterung des Katalogs des § 226 StGB wurde gesehen aber abgelehnt, da angeblich nicht zur Struktur des § 226 StGB (als erfolgsqualifiziertem Delikt) passend

Verstümmelung der äußeren Genitalien soll alle Formen der Beschneidung erfassen – innere Genitalien sind demgegenüber insbes. Eierstöcke, Gebärmutter, Eileiter – rein kosmetische Eingriffe werden demgegenüber nicht vom Tatbestand erfasst

VI. Die Körperverletzung mit Todesfolgen, § 227 StGB

1. Grundgedanke und Bedeutung der Vorschrift

Erfolgsqualifikation

Deliktsstruktur – objektiver und subjektiver Mindestbezug auf die schwere Folge (§ 18) – weitere Beispiele für ähnliche Erfolgsqualifikationen

Vergleich: Strafe nach § 227 StGB und Strafe im Fall einer Tateinheit von §§ 224, 222 StGB - Höhe des Strafrahmens im auch nur minderschweren Fall gem. § 227 Abs. 2 StGB – Erklärungsmöglichkeiten

2. Spezifischer Gefahrenzusammenhang

a) Grundsätzliche Gestaltungsformen: Rückführung des Todes auf vorsätzliche Körperverletzung oder auf den eingetretenen Körperverletzungserfolg

b) Ältere Rspr. und Teil der Lehre: nur Unmittelbarkeitszusammenhang zwischen Todeseintritt und Körperverletzungserfolg ausreichend

Tod als Realisierung einer Gefahr, die von der Art und Schwere der Körperverletzung herrührt – Konsequenzen? kein § 227 StGB bei Dazwischentreten Dritter / zurechnungsunter-brechendem Opferverhalten

c) Neuere Rspr. und Teil der Lehre: spezifischer Gefahrenzusammenhang zwischen Tod und Körperverletzungshandlung genügt bereits

Körperverletzung iSv. § 227 StGB als Gesamtvorgang unter Einschluss der Körperverletzungshandlung – Neufassung des § 227 StGB durch das 6. StrRG („durch die Körperverletzung [§§ 223 bis 226]")

d) alternative Vorschläge

z.B. Erfordernis der Letalität der Wunde (sog. Letalitätstheorie, zu eng!) – Erfordernis eines gesteigerten Handlungsunwerts (Kriterien?) – Differenzierung nach Einzelfall

3. Sonstiges

Vorsatz muss sich auf eine Körperverletzung beziehen, die nach Art, Ausmaß und Schwere den Tod des Opfers besorgen lässt = Entsprechung des objektiven Gefahrenzusammenhangs im Subjektiven

Tat ist auch durch Unterlassen möglich

Konkurrenzen: insbesondere im Verhältnis zu §§ 223, 222 bzw. zu §§ 211, 212 – Gesetzeskonkurrenz und Vorrang gegenüber § 224 StGB

VII. Die Misshandlung von Schutzbefohlenen, § 225 StGB

1. Grundgedanke und Bedeutung der Vorschrift

Sonderdelikt zum Schutz bestimmter wehrloser Personen oder lediglich Qualifikation zu § 223 StGB?

erstmals 1912 geschaffen – dabei Tathandlungen aus dem kurz zuvor erlassenen Tierschutzgesetz übernommen – Rechtsgut: körperliche Unversehrtheit und seelische Integrität im Sinne der konstitutionellen Gesamtheit des Menschen – auch hier erhebliche Umgestaltung durch das 6. StrRG

heute jährlich 2.000 Fälle – vermutlich hohe Dunkelziffer

2. Tatbestand im Einzelnen

a) Grundstruktur

im Grunde zwei Tatbestände: quälen / roh misshandeln und vernachlässigen

> quälen = längeres oder wiederholtes Zufügen erheblicher Schmerzen körperlicher oder seelischer Art

> roh misshandeln = Misshandlung bei der objektiv eine gefühllose Gesinnung während der Tat zum Ausdruck kommt – umfasst hier ebenfalls seelische Einwirkungen – arg.: Wortlaut, Normzweck

> vernachlässigen der Sorgepflicht = unechtes Unterlassungsdelikt – böswillig = aus besonders verwerflichem Motiv

b) Modifikationen

Abs. 3   Qualifikation – „schwere Gesundheitsbeschädigung" verlangt weniger als eine „schwere Körperverletzung" – ausreichend ist eine ernstliche, einschneidende und nachhaltige Gesundheitsbeeinträchtigung – nicht erforderlich ist der Eintritt eines entsprechenden Erfolges – subjektiv: Vorsatz notwendig (ganz hM, also kein § 18 StGB)

Abs. 4   minder schwere Fälle

3. Sonstiges

alle vier Schutzverhältnisse sind besondere persönliche Verhältnisse iSv § 28 StGB!

auch quälen und roh misshandeln können durch Unterlassen begangen werden

VIII. Beteiligung an einer Schlägerei, § 231 StGB

1. Grundgedanke und Tatbestandsstruktur

Vermeiden von aus einer Schlägerei hervorgehender Gefahren – außerdem Reaktion auf typischerweise bestehende Beweisschwierigkeiten – insoweit historische Vorläufer bis in das Preußische Allgemeine Landrecht (1794)

Alternativen zur Begegnung entsprechender Beweisprobleme: Schuldvermutungen / objektive Haftung – Zulässigkeit solcher Instrumente

heutiger § 231 StGB abstraktes Gefährdungsdelikt – also Vorverlagerung der Strafbarkeit – Tod oder schwere Körperverletzung objektive Bedingung der Strafbarkeit (hM, vereinzelt: Vorsatz-Fahrlässigkeits-Kombination) – Bedeutung?

Praktische Relevanz der Vorschrift gering – anders Prüfungsrelevanz wegen dogmatischer Besonderheiten – Prüfungsaufbau?

2. Tatbestand im Einzelnen

Schlägerei = in gegenseitige Tätlichkeiten ausartender Streit zwischen mindestens drei Personen – also: Aktivität von mindestens drei Personen nötig – wenn eine Person nur Schutzwehr übt, liegt keine Schlägerei vor, ggf. aber ein Angriff mehrerer – ebenso, wenn eine dritte Person nur verbal anfeuert

Angriff mehrerer = in feindseliger Willensrichtung auf den Körper eines Anderen abzielende Einwirkung durch mindestens zwei Personen

beteiligt = in Prüfungsarbeiten meist umstrittenstes Merkmal – kein Rückgriff auf die § 25 ff. StGB – Begriff ist vielmehr weiter zu verstehen als Anwesenheit am Tatort und physische oder psychische Mitwirkung – Trutzwehr zur Abwehr eines rechtswidrigen Angriffs genügt ebenfalls – ausgeschlossen nur reines Hilfeleisten und neutrale Anwesenheit – Zeitpunkt der Beteiligung gleichgültig: also jede Beteiligung vor, nach oder während des Eintritts der schweren Folge ausreichend (str.)

schwere Folge = ausreichend ist, dass eine schwere Folge nur vorliegt - auch wenn diese rechtmäßig (durch Notwehr) ausgelöst wurde – auch wenn schwere Folge bei einem Außenstehenden (Zuschauer) eingetreten ist – auch wenn kein ursächlicher Zusammenhang zu einem Beitrag eines Beteiligten vorliegt – nicht notwendig ist, dass der Eintritt der schweren Folge vorhersehbar iSv § 18 StGB war (hM, str.)

Vorwerfbarkeit = Abs. 2 StGB ist ein Straffreistellungsgrund für den, der zu keinem Zeitpunkt der Tat vorwerfbar an dieser beteiligt war – auch Notwehr gem. § 32 StGB ist ggf. nur in Bezug auf einzelne Verletzungshandlungen und nicht in Bezug auf § 231 StGB insgesamt einschlägig

3. Sonstiges

subjektiver Tatbestand

Konkurrenzen – insbesondere zu §§ 211 ff., 223 ff.

IX. Die fahrlässige Körperverletzung, § 229 StGB

Aufbau entsprechend § 222 StGB

Konkurrenzen – Verhältnis zu einer zugleich begangenen vorsätzlichen Körperverletzung? – wenn hinsichtlich einer von mehreren Gesundheitsbeschädigungen nur Fahrlässigkeit vorliegt, führt dies nicht zum idealkonkurrierenden Eingreifen von § 229 StGB – unbeabsichtigte Folgen einer vorsätzlichen Körperverletzung werden entweder im Rahmen von Qualifikationen (§ 226 StGB) oder bei der Strafzumessung berücksichtigt – Exemplifizierung

X. Rechtfertigung

Geltung der allgemeinen Rechtfertigungsgründe – Relevanz? – außerdem: besondere Bedeutung der Einwilligung

1. Die Einwilligung

a) Wiederholung aus dem AT

Voraussetzungen einer wirksamen Einwilligung – objektiver Tatbestand? – subjektiver Tatbestand? – dogmatische Behandlung der Einwilligung: tatbestandsausschließende oder rechtfertigende Wirkung?

b) Grenzen der Einwilligung, insbes. § 228 StGB

Einführung der Vorschrift 1933 – Hintergedanke: Einschränkung freiwilliger Unfruchtbarmachung – Zweck? Schutz des Verletzten gegen seine eigene Kurzsichtigkeit? – überzeugend?

Probleme sind insbesondere: Verfassungsgemäßheit der Vorschrift? Vorliegen eines Verstoßes gegen die guten Sitten?

c) Einwilligung beim Sport

Anwendungsbereich der Einwilligung? – bei geringeren Regelverstößen oft bereits Sorgfaltswidrigkeit fraglich – grobe Regelverstöße meist nicht von möglicher Einwilligung erfasst – verbleibender Bereich?

Einwilligung bei Doping? – oft Vorliegen einer Einwilligung fraglich – im Übrigen § 228 StGB – darüber hinaus Strafbarkeit des Dopings gem. §§ 6a, 95 AMG – bei entsprechender Gestaltung der Sponsorenverträge auch § 263 StGB denkbar

2. Die mutmaßliche Einwilligung

Charakter der mutmaßlichen Einwilligung – grundsätzliche Relevanz des mutmaßlichen Einverständnisses – (BGHSt 11, 111: Gebärmuttergeschwulst; BGHSt 35, 249 Sterilisation) – Verhältnis der mutmaßlichen Einwilligung zu Sonderregelungen insbesondere im Bereich des Betreuungsrechts

3. Elterliches Züchtigungsrecht

Entwicklung des Züchtigungsrechts – unstrittig: kein Züchtigungsrecht von Lehrern oder anderen Aufsichtspersonen gegenüber Kindern – elterliches Züchtigungsrecht durch Neufassung des § 1626 BGB praktisch abgeschafft

XI. Exkurs: Medizinstrafrecht

1. Tatbestandsmäßigkeit der ärztlichen Heilbehandlung

Grundsatz der hM: jeder ärztliche Eingriff, der die körperliche Unversehrtheit mehr als nur unerheblich beeinträchtigt, stellt eine tatbestandsmäßige Körperverletzung dar (st. Rspr., seit RGSt 25, 375)

Dagegenstehende Literaturauffassungen: jeder kunstgerecht und zu Heilzwecken vorgenommene Eingriff scheidet tatbestandlich aus dem Bereich der Körperverletzung aus – aA: zumindest Ausschluss des erfolgreichen ärztlichen Eingriffs aus dem Bereich des Tatbestandes

Weiteres Problem: Verwirklichung der Qualifikation der gefährlichen Körperverletzung durch Verwendung medizinischer Geräte?

2. Anforderungen an Patientenaufklärung

Grundsätzliche Geltung der allgemeinen Regeln der Einwilligung

Besonderheiten: Umfang der Aufklärungspflicht
- früher: Fürsorgepflicht spricht dafür, den Patienten im Unklaren zu lassen
- heute: Dominanz des Selbstbestimmungsrechts verlangt Aufklärung über Art und Weise, Folgen und Risiken des Eingriffs – bei gewichtigen Unterschieden auch Aufklärung über Behandlungsalternativen

3. Hypothetische Einwilligung

Zunehmende Anerkennung einer möglichen hypothetischen Einwilligung – Hintergrund – dogmatische Einordnung: – Rechtfertigungsgrund oder Frage der objektiven Zurechnung?

4. Sonstiges

spezielle Berührungspunkte des Medizinstrafrechts mit Problemen des allgemeinen Teils – insbesondere mit Fragen der Fahrlässigkeit, Zurechnungs- und Irrtumsproblemen – Exemplifizierung

§ 4 Straftaten gegen die persönliche Freiheit, §§ 239 – 241 StGB

I. Das System des Freiheitsschutzes im Strafgesetzbuch

Begriff des Freiheitsschutzes allgemein und speziell im 18. Abschnitt – Fragmentarität des Freiheitsschutzes – erhebliche Umgestaltung durch das 6. StrRG (Bsp. Menschenhandel, § 232 ff. StGB) – eingeschränkte Prüfungsrelevanz (nur § 239-241 StGB)

II. Die Nötigung, § 240 StGB

1. Historischer Hintergrund, Rechtsgut und Begriff der Nötigung

historisch: Nötigungstatbestand als Kind insbes. der deutschen Aufklärung – erstmalige Normierung im preuß. ALR – Nötigungstatbestände in ausländischen Rechtsordnungen zumeist auf deutschen Einfluss rückführbar – daher auch Fehlen eines solchen Tatbestandes im französischen Code penal – ausführlich dazu *Hruschka* JZ 1995, 737 ff., dort auch zur Rückführung der Nötigung auf das gemeinrechtliche crimen vis

Schutz der Handlungsfreiheit bzw. Schutz der Willensentschließung und Willensbetätigung – grds. enormer Anwendungsbereich auch in der Praxis ca. 10.000 Aburteilungen (bei etwa 6.000 Verurteilungen) – hier notwendige Fragmentarität des strafrechtlichen Schutzes – Bsp.: familiärer Zwang, Gruppenzwang, - auch: Drohung mit dem Abbruch geschäftlicher Beziehungen? welche Differenzierung notwendig?

Versuch einer angemessenen gesetzlichen Umschreibung – Problem der Tatbestandsbestimmtheit (BVerfGE 76, 211) und insbes. die Funktion des § 240 Abs. 2 StGB

andere Auffassungen zum Schutzgut von § 240 StGB – insbesondere die Deutung von § 240 StGB als „Freiheitsverschiebungsdelikt" durch *Jakobs* und *Timpe*

2. Der Nötigungserfolg

> nötigen = dem Betroffenen ein seinem Willen widerstrebendes Verhalten aufzwingen – dazu gehört der Zwang zu bestimmten Handlungen, das Verhindern von Handlungen sowie die Hinnahme weiterer Handlungen
>
> Nötigungserfolg = angestrebtes Verhalten des Betroffenen – im Einzelfall Realisierung fraglich – Bsp. Anhaltebefehl der Polizei an Autofahrer im Vorfeld einer Sitzblockade (BGHSt 37, 350)

3. Gewalt als Nötigungsmittel

Gewalt als elementarer Begriff des Besonderen Teils des Strafrechts – Relevanz in verschiedenen Tatbeständen - Bsp.: §§ 113, 249, 253, 255 StGB – Grundfragen:
- physischer Gewaltbegriff? Genauere Definition? – Exemplifizierung
- Gewalt als entmaterialisierter Begriff iSe. Erscheinungsform psychischen Zwangs?

Entwicklung des Gewaltbegriffs in der Rechtsprechung:
- RG: Gewalt als körperliche Kraftentfaltung
- früher BGH: Gewalt als körperliche Zwangswirkung
- BGHSt 23, 46: Gewalt als psychische Zwangswirkung, sog. entmaterialisierter Gewaltbegriff
- Seit BGHSt 44, 34: Rückkehr zum Begriff von Gewalt als körperlichem Zwang, nähere Konturierung aus systematischem Zusammenhang

Behandlung des Gewaltbegriffs in Prüfungsarbeiten

b) Erscheinungsformen von Gewalt
- Traditionelle Unterscheidung zwischen vis compulsiva und vis absoluta – vis absoluta verlangt Ausschalten der Willensbildung etwa durch Betäubung, Fesselung usw. – vis compulsiva lässt nur eine zur Beugung des Willens führende Gewalt ausreichen, etwa das Drängen auf der Autobahn, Schläge usw.
- Gewalt gegen Sachen? grundsätzlich ausreichend, wenn sie vom Opfer als körperlicher Zwang empfunden wird – ebenso auch Veränderung äußerer Umstände, die der Betroffene nicht überwinden kann – Exemplifizierung: Entwenden von Ausweispapieren, Ausräumen der Wohnung (NJW 1996, 472)
- Gewalt durch Unterlassen? – dazu BayObLG NJW 1963, 1261 (Zuparken)

4. Drohung mit einem empfindlichen Übel

ebenso wie Gewalt Relevanz bei verschiedenen Delikten, z.B. §§ 249, 253 StGB

Drohung = das auf Einschüchterung des Betroffenen gerichtete Inaussichtstellen eines empfindlichen Übels, auf das der Drohende einen Einfluss zu haben vorgibt – Gehalt der einzelnen Komponenten der Definition – genauer Maßstab? – objektiv? / subjektiv? / normativ? – ausreichen bloßer Warnungen? – Einzelfragen:
- Drohung mit einem Unterlassen als Übel?
- Relevanz eines inneren Vorbehalts?
- Übelseintritt bei einem Dritten?

5. Der subjektive Tatbestand

Grundsätzlich dolus eventualis ausreichend – aber: subjektiv muss Gewaltanwendung dazu dienen, einen erwarteten Widerstand zu überwinden – arg.: „nötigen zu einer Handlung" – insoweit also Absicht erforderlich

6. Die Rechtswidrigkeit der Nötigung

a) **Geltung der allgemeinen Rechtfertigungsgründe – Beispiele**

b) **Verwerflichkeitsprüfung gem. § 240 Abs.2 StGB**

keine „einfache" Rechtswidrigkeitsprüfung – Erfordernis einer Gesamttatbewertung – Verwerflichkeit der Anwendung des Nötigungsmittels in Ansehung des angestrebten Zwecks

– Begriff der Verwerflichkeit? – Beispiele: Drohung mit Strafanzeige, Anzapfen im geschäftlichen Verkehr, Drohung mit Aufkündigung der Geschäftsbeziehung

- Dogmatische Einordnung der Verwerflichkeitsprüfung: Rechtfertigungsgrund (hM, arg. Wortlaut) oder Tatbestandsmerkmal (tvA) – Relevanz?
- Bedeutung von Fernzielen?
- Verzicht auf staatliche Hilfe?

c) Irrtum über Gesamttatbewertung?

Maßgeblichkeit des genauen Irrtums – Bsp. irrtümliche Annahme des Bestehens eines Anspruchs / irrtümliche Annahme einer besonderen Befugnis etwa im Bereich der Selbsthilfe

7. Sonstiges

Strafbarkeit des Versuchs, § 240 Abs. 3 StGB

Regelbeispiele für besonders schwere Fälle, § 240 Abs. 4 – Regelbeispiel teilweise systemwidrig: vgl. etwa § 240 Abs. 4 Nr. 1 StGB (sexuelle Nötigung) und § 177 StGB (sexuelle Nötigung)

Konkurrenzen

III. Die Freiheitsberaubung, § 239 StGB

1. Entstehung, Rechtsgut und Deliktsstruktur

im preuss. ALR Freiheitsberaubung und Nötigung als Tatbegehungsalternativen desselben Delikts – historisch entwickelt aus der privaten Gefangennahme (vgl. *Bloy* ZStW 96 [1984], 703, 706 ff.)

verschiedene Wurzeln bis heute in der Rechtsgutsdiskussion erkennbar: Schutz der tatsächlichen oder auch nur der potentiellen Fortbewegungsfreiheit?

Grundtatbestand mit zwei unselbständigen Qualifikationen (Abs. 3 und Abs. 4)

Dauerdelikt: wichtig für Unterscheidung zwischen Vollendung und Beendigung – auch relevant für Beteiligung und Konkurrenzen

2. Tatbestand

der Freiheit berauben = Oberbegriff = jedes Tun oder Unterlassen durch das ein anderer Mensch unter Aufhebung seiner Fortbewegungsfreiheit daran gehindert wird, seinen Aufenthaltsort zu verlassen – Beispiele

einsperren = Verhindern des Verlassens eines Raumes durch äußere Vorrichtungen oder sonstige Vorkehrungen

3. Rechtswidrigkeit

Rechtmäßige Freiheitsberaubungen überwiegen – trotzdem keine Verwerflichkeitsklausel iSv § 240 Abs. 2 StGB

Selten allgemeine Rechtfertigungsgründe – insbes. § 127 StPO – was noch?

Bedeutung des Einverständnisses?

4. Qualifikationstatbestände

Abs. 3 Nr. 2, Abs. 4   Erfolgsqualifikationen § 18 StGB

Abs. 3 Nr. 1   Qualifikationstatbestand – Vorsatz (str.)

5. Sonstiges

Strafbarkeit des Versuchs, Abs. 2

Konkurrenzen

IV. Erpresserischer Menschenraub und Geiselnahme, §§ 239a, 239b StGB

1. Gemeinsames

Charakter der Vorschriften: mehrfacher Angriff auf fremde Freiheit – ursprüngliche Begrenzung auf Drei-Personen-Verhältnisse (Kidnapping) – Ausdehnung der Tatbestände und Abgrenzungsprobleme

gleichartige Konstruktion der beiden Vorschriften – Kombination des Entführungsteils mit weiterem Angriff – jeweils zwei Tatbestandsalternativen: Absichtsvariante u. Ausnutzungsvariante – Absichtsvariante sog. unvollständig zweiaktiges Delikt

gemeinsame Tathandlung: Erlangung der Herrschaft über einen anderen Menschen – „sich bemächtigen" – häufige Probleme: Ersatzgeisel? Einschränkung des Sichbemächtigens? (Außenwirkung? Opfersicht? Stabile Lage? vgl. dazu BGHSt -GS- 40, 350 – „entführen" verlangt im Gegensatz zum Sichbemächtigen keine Gewaltanwendung und meint jedes Verbringen des Opfers an einen anderen Ort, an dem es dem ungehemmten Einfluss des Täters ausgesetzt ist – angesichts des massiv erhöhten Strafrahmens tendenziell eng auszulegen

Unterschiede zwischen den beiden Vorschriften: Erpressungsteil bzw. Nötigungsteil

2. Erpresserischer Menschenraub, § 239a StGB

a) Konstruktion

Entführungsteil – Erpressungsteil – objektiv: funktionaler Zusammenhang notwendig – subjektiv: Absicht, die durch die Entführung oder das Sich-Bemächtigen für das Opfer geschaffene Lage zur qualifizierten Drohung auszunutzen und durch sie zu nötigen (BGHSt 40, 350, 355)

b) Speziell zum Erpressungsteil

krimineller Schwerpunkt – daher auch im Vergleich zu § 239b StGB gelockerte Anforderungen an Begehungsmittel (Sorge um das Wohl des Opfers / Drohung mit dem Tod oder einer schweren Körperverletzung)

3. Geiselnahme

a) Konstruktion

Entführungsteil + Nötigungsteil

b) Speziell zum Nötigungsteil

eigenständige Bedeutung nur, wenn der Täter andere als Bereicherungszwecke verfolgt

4. Sonstiges

Tod des Opfers als Qualifikation (§§ 239a Abs. 3 / 239b Abs. 2 StGB) – Versuch (Verbrechen!) – tätige Reue (§§ 239a Abs. 4 / 239b Abs. 2) – Konkurrenzen

V. Hinweise zu weiteren Tatbestände, insbes. § 241 StGB

1. Die Bedrohung gem. § 241 StGB

historisch in der Carolina mit Kaution oder Sicherungshaft sanktioniert – Zweck – heutige Schutzmechanismen? Untersuchungshaft? Präventionsgewahrsam nach den Polizeigesetzen?

Rechtsgut: subjektiver Rechtsfriede des Bedrohten? Freiheit vor Furcht? Willensentschließungsfreiheit des Bedrohten? – Stellungnahme

> Bedrohung = Drohung in § 240 StGB – Beschränkung auf Verbrechen im formellen Sinn – Abgrenzung zu bloßen Verwünschungen u.a. – im Übrigen ähnliche Einzelfragen wie bei Nötigung

> Subjektiver Tatbestand – Vorsatz bez. Ausdrückens einer Bedrohung genügt – weitergehender Vorsatz führt meist zum Vorliegen von § 240 StGB

Konkurrenz

2. Weitere Tatbestände

nur geringe Relevanz in Klausuren, daher kurz:

§§ 232 ff. StGB neu eingeführt – zum Teil Umsetzung eines EU-Rahmenbeschlusses – Reaktion auf internationales Phänomen des Menschenhandels

§§ 234, 234a StGB praktisch kaum von Bedeutung

§ 235 StGB Schutz des Sorgerechts, § 236 StGB vor allem gegen missbräuchliche Adoptionsvermittlungen

§ 238 Nachstellung – Schutz des individuellen Lebensbereichs vor unerwünschten Belästigungen

§ 5 Straftaten gegen die Ehre, §§ 185 – 199 StGB

I. Grundlagen der Ehrdelikte

1. Funktion und Anwendungsbereich des strafrechtlichen Ehrschutzes

Ehrdelikte als Kundgebungsdelikte – rechtlicher Schutz der allgemeinen Persönlichkeit bis weit in das 19. Jahrhundert Domäne des strafrechtlichen Beleidigungsrechts (zur historischen Entwicklung Rogall, in: FS f. Hirsch, S. 665, 672 ff.) – heute Zusammenspiel mit dem Zivilrecht (BGHZ 26, 349 – Herrenreiter-Entscheidung) – abnehmende Bedeutung des Strafrechts? – trotz jährlich ca. 160 bis 170.000 registrierter Fälle in der PKS? – zivilrechtlicher Schadensersatz als wirksameres Mittel?

Strafrechtliche Behandlung von Äußerungen im engsten Kreis, Bsp. Familie?

2. Der strafrechtliche Ehrbegriff

Ehre als komplexer Begriff – sog. äußere und innere Ehre – andere Ehrbegriffe, z.B. funktionaler Ehrbegriff (*Amelung*), normativer Ehrbegriff aus Personenwürde (*Hirsch, Rudolphi*) – geschützt wird vor allem der verdiente Ehranspruch – kein Schutz vor Indiskretionen, vgl. § 186 StGB – bei bloßem Verdacht gem. § 187 StGB

3. Die Rechtsgutsträger

a) natürliche Personen – nicht Tote, arg. Sondertatbestand § 189 StGB (str.)

b) **Schutz von Personengesamtheiten?**

grds. Gewährleistung auch einer „Verbandsehre", arg. § 194 Abs. 3 S. 3, Abs. 4 StGB – sog. Kollektivbeleidigung – Voraussetzung: Gruppe muss rechtlich anerkannte Funktion in der Gesellschaft erfüllen und zur Willensbildung fähig sein – Hintergrund. Sozialer Achtungsanspruch

Exemplifizierung: die in Deutschland lebenden Juden, Bundeswehr, Parteien, Juristische Personen, Familie (str.)

c) **Beleidigung unter einer Kollektivbezeichnung**

Bezeichnung eines Einzelnen unter Nutzung eines Kollektivnamens – auf diese Weise auch Schutz von Angehörigen von Kollektiven, die als solche nicht beleidigungsfähig sind – Exemplifizierung

4. Die Systematisierung der Ehrdelikte

Systematik der Ehrdelikte: Beleidigung, § 185 StGB – üble Nachrede, § 186 StGB – Verleumdung, § 187 StGB

II. Die einzelnen Tatbestände

1. Die Beleidigung, § 185 StGB

Rechtsgut: innere und äußere Ehre – Bestimmtheit der Vorschrift? BVerfGE 93, 266, 290 ff.

> Beleidigung = Kundgabe eigener Nichtachtung oder Missachtung – also: Äußerung abschätziger Werturteile gegenüber einer Person oder einem Dritten – gegenüber dem Verletzten auch durch die Äußerung unwahrer ehrenrühriger Tatsachen bzw. durch ehrverletzende Tätlichkeiten – Maßgeblichkeit des objektiven Sinngehalts – dabei Berücksichtigung der Meinungsäußerungsfreiheit aus Art. 5 Abs. 1 GG notwendig – im Einzelfall auch Abgrenzung zur bloßen Unhöflichkeit nötig

> Subjektiver Tatbestand: dolus eventualis genügt – Täter muss aber Eignung der Kundgabe als Mittel der Ehrkränkung erfasst haben – bei unwahrer ehrenrühriger Tatsachenäußerung muss die Unwahrheit vom Vorsatz erfasst sein (hM, tvA objektive Bedingung der Strafbarkeit)

2. Die üble Nachrede, § 186 StGB

hier stets Drittbezug erforderlich – Äußerung gegenüber dem Verletzten selbst fallen nur unter § 185 StGB

> Tatsache = konkreter Vorgang in der Gegenwart oder in der Vergangenheit, die wahrnehmbar und folglich dem Beweis zugänglich sind – dazu gehören auch innere Tatsachen – Exemplifizierung

> behaupten = als nach eigener Überzeugung gewiss darstellen

> verbreiten = Widergabe von Wissen als Gegenstand fremden Wissens

Unwahrheit der Tatsache objektive Bedingung der Strafbarkeit – insoweit also kein Vorsatz notwendig!

3. Die Verleumdung, § 187 StGB

ähnlich strukturiert wie § 186 StGB – hinzu kommt Kreditgefährdung also Gefährdung der Möglichkeit zur Eingehung von vermögensrechtlichen Verbindlichkeiten – Täter handelt bei § 187 StGB allerdings „wider besseren Wissens" und weiß also sicher von der Unwahrheit seiner Behauptung – insoweit also dolus directus 2. Grades notwendig – im Übrigen genügt dolus eventualis

III. Ergänzende Vorschriften

1. Wahrheitsbeweis durch Strafurteil, § 190 StGB

Sonderregelung zur Erbringung des Wahrheitsbeweises bei Behauptung einer Straftat – strafprozessrechtsdogmatisch: Normierung von zwei Beweisregeln – in Fällen der üblen Nachrede strafrechtsdogmatisch: allgemein wirkender Strafausschließungsgrund

2. Formalbeleidigung, § 192 StGB

Strafbarkeit eines Handelns als Formalbeleidigung, dessen ehrenrühriger Charakter sich nur als der Form und aus den Umständen des Handelns ergibt – vor Erörterung einer Formalbeleidigung muss also der Wahrheitsbeweis erbracht sein

3. Wahrnehmung berechtigter Interessen, § 193 StGB

Rechtfertigungsgrund – speziell auf die Beleidigungsdelikte zugeschnitten und nicht analogiefähig – Hintergrund: spezielle Ausprägung des Gedankens der Interessen- und Güterabwägung – daher im Einzelfall etwa bei sog. Pressefehde auch Rechtfertigung von derben Äußerungen – Grenze aber jedenfalls reine Schmähkritik

bei Kunstwerken Berücksichtigung von Art. 5 Abs. 3 GG – Grenze freilich auch hier schwerwiegende Beeinträchtigung der Ehre

Strafbarkeit wegen einer Formalbeleidigung bleibt möglich

4. Strafantrag, § 194 StGB

alle Beleidigungsdelikte sind Antragsdelikte – Ausnahme bei Beleidigung von NS-Verfolgten

§ 6 Straftaten gegen weitere Individualrechtsgüter, insbes. auch die Unverletzlichkeit der Wohnung und der Privatsphäre

I. Hausfriedensbruch, §§ 123, 124 StGB

1. Allgemeines

Stellung der §§ 123, 124 StGB bei den Straftaten gegen die öffentliche Ordnung - offensichtlicher Fehlgriff des Gesetzgebers (ganz hM) – Hausfriedensbruch schützt individuelles Recht – genaues Rechtsgut allerdings unklar – frühere Auffassungen: Besitz, Dispositionsfreiheit (Binding, Beling) – heute hM: persönliches Rechtsgut eigener Art – freilich unbestimmt, besser wohl Schutz des Hausrechts und des häuslichen Friedens – auch umfasst sind aber zum öffentlichen Verkehr bestimmte Räume – Exemplifizierung: Wohnung, Kaufhaus, Behörden – Schutz auch zum Abriss bestimmter Häuser etwa vor Hausbesetzungen?

Inhaber des Hausrechts muss nicht Eigentümer oder unmittelbarer Besitzer des Raumes sein – Rechtsgutsträger ist jeder, dem die Befugnis zusteht, über Zugang und Aufenthalt in dem Raum zu bestimmen, wenn er insoweit ein stärkeres Recht als der Störer hat - Exemplifizierung: Gefängniszelle, Mieter/Vermieter

Hausfriedensbruch ist kein eigenhändiges Delikt (hm, str.) – also auch mittelbare Täterschaft bzw. Mittäterschaft möglich

2. Der Hausfriedensbruch, § 123 StGB

Grundtatbestand

> Wohnung = Inbegriff der Räume, die einer oder mehreren Personen, namentlich einer Familie, zur Unterkunft dienen oder zur Benutzung freistehen – Campingzelt/Wohnwagen?
>
> Geschäftsraum = Räume, die dazu bestimmt sind, für eine gewisse Dauer zum Betrieb von Geschäften irgendwelcher, also nicht notwendigerweise erwerbswirtschaftlicher Art zu dienen
>
> Befriedetes Besitztum = ist ein in äußerlich erkennbarer Weise gegen Betreten durch zusammenhängende, nicht notwendig ganz lückenlose Schutzwehren gesichertes bebautes oder unbebautes Grundstück – also nicht lediglich ein beweglicher Gegenstand – historisch: Kompromiss zwischen älteren (teils engeren/teils weiteren) Vorgängervorschriften
>
> abgeschlossene Räume = baulich abgegrenzte Räume
>
> Räume, die zum öffentlichen Dienst bestimmt sind = Räume, in denen Tätigkeiten auf Grund öffentlich-rechtlicher Vorschriften ausgeübt werden – Exemplifizierung

Räume, die zum öffentlichen Verkehr bestimmt sind = Räume, die dem Personen- oder Gütertransportverkehr dienen und allgemein zugänglich sind

widerrechtlich eindringen = setzt voraus, dass der Körper des Täters zum Teil in den Raum gebracht wird – nicht ausreichend also Belästigung durch Lärm, unerwünschte Telefonanrufe usw. – Widerrechtlichkeit des Eindringens fehlt bei Vorliegen eines Rechtfertigungsgrundes – Betreten öffentlich zugänglicher Räume in krimineller Absicht – Reichweite einer entsprechenden Einwilligung? – auch durch Unterlassen?

ohne Befugnis verweilen = Fortsetzen des Aufenthalts in dem geschützten Raum nach Aufforderung zum Verlassen – ohne Befugnis entspricht der Widerrechtlichkeit beim Eindringen – Aufforderung zum Sichentfernen muss nicht zwingend vom Rechtsgutsträger ausgesprochen werden – insoweit konkludente Stellvertretung im Willen ausreichend, auch durch Kinder u. a.

Wirkung der Zustimmung des Hausrechtsinhabers? – Einverständnis – Konsequenzen?

Antragsdelikt

3. Der schwere Hausfriedensbruch, § 124 StGB

Selbstständiges Sonderdelikt – Schutz des Hausrechts und des öffentlichen Friedens (hM, str.) – Offizialdelikt

Menschenmenge = eine räumlich vereinigte, zwar nicht notwendig ungezählte, aber doch so große Personenmehrheit, dass die Zahl nicht sofort überschau und deshalb das Hinzukommen oder Weggehen Einzelner für den äußeren Eindruck unwesentlich ist

Zusammenrotten = das räumliche Zusammentreten oder Zusammenhalten von mindestens zwei Personen zu einem gemeinschaftlichen, gewaltsamen oder bedrohlichen Zweck, wobei der die Rotte beherrschende friedensstörende Wille äußerlich erkennbar in Erscheinung treten muss

II. Delikte gegen den persönlichen Lebens- und Geheimbereich (im Überblick)

1. Allgemeines

Schutz des höchstpersönlichen Lebensbereichs und der privaten Geheimsphäre – genauer Inhalt des Rechtsguts – Bedeutung der technischen Entwicklung zum Verständnis des Rechtsguts – ursprünglich: Schutz der Vertraulichkeit des Wortes sowie des Brief-, Privat- und Geschäftsgeheimnisses – 2004 neu hinzugekommen § 201a StGB Schutz vor Bildaufnahmen – Unterschied zum Ehrschutz in den §§ 185 ff. StGB (dort ja gerade kein Schutz vor Indiskretion) – Exemplifizierung: Bildreporter, Frauenarztfälle, Umkleidekabinen, Spannerfälle

Weitgehend Antragsdelikte, vgl. § 205 StGB – Ausnahmen: §§ 201 Abs. 3, 206 StGB – Gründe für die Ausnahmen? Besonderes öffentliches Interesse (Amtsdelikt!, Postgeheimnis)

Sämtliche Tatbestände des Abschnitts setzen voraus, dass der Täter „unbefugt" handelt – Hinweis auf mögliche Zustimmung des Rechtsgutsinhabers – streitig ist, ob diese tatbestandsausschließend oder rechtfertigend wirkt

2. Verletzung der Vertraulichkeit des Wortes, § 201 StGB

Rechtsgut: Privatsphäre (Eigensphäre) – nähere Konkretisierung steht noch aus – tvA selbstständige Betrachtung von Abs. 1 und Abs. 2 anstatt eines einheitlichen Rechtsguts – Normzweck: Schutz der Unbefangenheit mündlicher Äußerungen sowie Flüchtigkeit des nichtöffentlich gesprochenen Wortes

Abs. 1

nichtöffentlich gesprochenes Wort = alle Äußerungen, die nach dem Willen des Sprechers nicht an einen nach Zahl und Individualität unbestimmten Kreis von Personen gerichtet sind und auch objektiv für einen solchen Kreis nicht wahrnehmbar sind

aufnehmen = jede Speicherung auf einem Tonträger – nicht notwendig heimlich – nicht aber Aufnahme von einem anderen Tonträger, da Schutz nur vor unmittelbaren Eingriffen

einem Dritten zugänglich machen = Eröffnung des Zugriffs für einen Dritten (idR durch Aushändigen) in einer Weise, dass dieser die Aufnahme gebrauchen oder einem anderen zugänglich machen kann

Abs. 2

abhören mit einem Abhörgerät = erfordert den Einsatz eines besonderen technischen Mittels, mit dem das gesprochene Wort über dessen normalen Klangbereich hinaus durch Verstärkung oder Übertragung unmittelbar wahrnehmbar gemacht wird

öffentlich machen = das Aufgenommene oder Abgehörte für einen nach Zahl und Individualität unbestimmten oder für einen nicht durch persönliche Beziehungen innerlich verbundenen größeren Kreis von Personen zugänglich machen –

Bagatellklausel in Abs. 2 S. 2 - Abs. 2 S. 3 regelt möglichen Konflikt zwischen den Verfassungsgütern der Eigensphäre nach Art. 1 Abs. 1, 2 Abs. 1 GG einerseits und der Meinungs- und Pressefreiheit nach Art. 5 GG andererseits ausdrücklich und verlangt ein überragendes Interesse

3. Verbot von Bildaufnahmen, § 201a StGB

Schutz des höchstpersönlichen Lebensbereichs – also mehr als bloße Intimsphäre (Nacktheit usw.), aber weniger als persönlicher Lebensbereich – gleichwohl relativ offenes, unbestimmtes Rechtsgut – zur Entstehungsgesicht Eisele JR 2005, 6

4. Verletzung des Briefgeheimnisses, § 202 StGB

Schutz der Gemeinsphäre gegen den Bruch des verfassungsrechtlich gewährleisteten (Art. 10 GG) Briefgeheimnisses

5. Ausspähen von Daten gem. § 202a StGB, Abfangen von Daten gem. § 202b und Datenhehlerei gem. § 202d

§§ 202a und 202b bezwecken den Schutz nicht nur des persönlichen Lebens- und Geheimbereichs – vielmehr intendiert ist ein weitergehender Schutz eines allgemeinen, durch das Erfordernis besonderer Sicherung formalisierten Interesses an der Geheimhaltung von Daten, die nicht unmittelbar wahrnehmbar gespeichert sind oder übermittelt werden – Rechtsgutsträger ist der zur Verfügung der Daten Berechtigte sowie der vom Inhalt der Daten Betroffene

§ 202c stellt Vorbereitungshandlungen unter Strafe

§ 202d stellt die Datenhehlerei unter Strafe – eingeführt wurde der Tatbestand im Jahr 2015 (vgl. BT-Drs. 18/5171) – die Vorschrift unterstützt die Tendenz „Daten" und „Sachen" im Strafrecht gleich zu behandeln – tatbestandlich ist die Norm an § 259 StGB angelehnt (dazu kritisch *Stuckenberg* ZIS 2016, 526)

6. Verletzung von Privatgeheimnissen, § 203 StGB

Schutz der Geheimsphäre des Einzelnen – daneben Schutz des Allgemeininteresses an der Verschwiegenheit der in Krankheit und Rechtsnot helfenden Berufe (Abs. 1) bzw. der Verschwiegenheit von Amtsträgern (Abs. 2)

7. Verwertung fremder Geheimnisse, § 204 StGB

Schutzzweck der Vorschrift entspricht dem des § 203 StGB, ist aber auf die Wahrnehmung materieller Interessen beschränkt

8. Verletzung des Post- oder Fernmeldegeheimnisses, § 206 StGB

Schutz des Post- und Fernmeldegeheimnisses sowie des öffentlichen Interesses an der Sicherheit und Zuverlässigkeit des Post- und Telekommunikationsverkehrs - aA Schutz nur von Individualinteressen - Stellungnahme

9. Verletzung des Steuergeheimnisses, § 355 StGB

Schutz des Geheimhaltungsinteresses des Steuerpflichtigen und anderer zur Auskunft verpflichteter Personen sowie das Allgemeininteresse an der Wirksamkeit des Besteuerungsverfahrens

III. Hinweise auf sonstige Delikte gegen die Person

1. Sexuelle Selbstbestimmung

Grundtendenzen: Entmoralisierung, Bsp. Beischlaf zwischen Verlobten – andererseits umfassender Schutz der sexuellen Selbstbestimmung auch zwischen Ehepartner- Verschärfung der Strafbarkeit von Vorbereitungshandlungen – Einfluss neuer Medien (Internet, u.a.)

Straftaten gegen die sexuelle Selbstbestimmung – dazu Straftaten gegen die sexuelle Freiheit ieS. §§ 177 ff. StGB – sexuelle Belästigung, §§ 183 ff. StGB

Straftaten gegen die Entwicklung des Sexuallebens, §§ 174 ff. StGB

Verbreitung pornographischer Darstellungen, § 184 StGB

Ausbeutung und Anwerbung zur Prostitution, §§ 180 ff. StGB

Hinweis auf strafprozessuale Besonderheiten

2. Besondere Delikte gegen die körperliche Integrität

Körperverletzung im Amt, § 340 StGB

Missbrauch ionisierender Strahlen, § 309 StGB

§ 7 Straftaten gegen Vermögenswerte – Übersicht

I. Einteilung der Straftaten gegen Vermögenswerte und Überblick über die wichtigsten Tatbestände

Eigentum und Vermögen als Rechtsgut – Unterschiede zwischen Eigentum und Vermögen? – Verwirklichung des Eigentums- und Vermögensschutzes im deutschen StGB: gesetzgeberisch Entscheidung gegen eine Generalklausel und für ein System aufeinander abzustimmender Einzeltatbestände – Folgen: konkrete Definition der einzelnen Tatbestände ergibt sich oft erst aus der Gesamtschau des Systems des Vermögensschutzes sowie aus der historischen Genese des Tatbestandes

Grundlegende Neugestaltung durch das 6. StrRG vom 26. Januar 1998 – zentrale Tatbestände sind

Diebstahl, § 242 StGB

Unterschlagung, § 246 StGB

Betrug, § 263 StGB

Untreue, § 266 StGB

II. Kriminologische Bedeutung der Vermögensstraftaten

Hoher Anteil an der Gesamtkriminalität: Diebstahl ca. 40 % der Gesamtkriminalität
               Betrug ca. 15 % der Gesamtkriminalität
               Sachbeschädigung ca. 12 % der Gesamtkr.

Unterschiedliche hohe Aufklärungsquoten: insgesamt ca. 55%; dabei Betrug > 80%, Betrug >60%, Erpressung >80%, Sachbeschädigung ~25 %, Diebstahl unter erschwerenden Umständen ~15%, Diebstahl ohne erschwerende Umstände > 40% - Hintergrund der unterschiedlichen Aufklärungsquoten

III. Vermögensstraftaten und Wirtschaftsstrafrecht

Begriff des Wirtschaftsstrafrechts – besondere Bedeutung der Straftaten gegen das Vermögen für Bekämpfung der Wirtschaftskriminalität – umfassenderer Begriff der Wirtschaftskriminalität

§ 8 Diebstahl und Unterschlagung

I. Überblick

Aufbau des 19. Abschnitts des StGB:

§ 242 StGB: Grundtatbestand des Diebstahls

§ 243 StGB: Regelbeispiel eines besonders schweren Falls (reine Strafzumessungsvorschrift!)

§§ 244, 244a StGB: Qualifikationstatbestände

§ 245 StGB: Regelung zur Führungsaufsicht

§ 246 StGB: Auffangtatbestand (str.) der Unterschlagung

§§ 247, 248a StGB: besondere Strafantragserfordernisse

§ 248b StGB: Unbefugter Gebrauch eines Fahrzeugs

§ 248c StGB: Entziehung elektrischer Energie

Geschütztes Rechtsgut: Eigentum und Besitz – grundsätzlich ohne Rücksicht auf den wirtschaftlichen Wert – beachte aber: §§ 243 II, 248a StGB – Besonderheiten bei §§ 248b StGB und § 248c StGB

II. Der Grundtatbestand des Diebstahls

1. Geschütztes Rechtsgut

Eigentum und Besitz (str. mM: nur Eigentum)

BGHSt 10, 400, 401: Es ist richtig, dass § 242 StGB nicht nur das Eigentum, sondern auch den Gewahrsam schützt. Dass Diebstahl strenger bestraft wird als Unterschlagung, beruht gerade auf der Mehrzahl der verletzten Rechtsgüter. Daher sehen die ständige Rechtsprechung und die ganz überwiegende Rechtslehre neben dem Eigentümer auch den Gewahrsamsinhaber als durch den Diebstahl verletzt an.

2. Deliktsstruktur

objektiver Tatbestand: Wegnahme einer fremden beweglichen Sache

subjektiver Tatbestand: Vorsatz und Zueignungsabsicht – Rechtswidrigkeit der Zueignung ist dagegen ein im subjektiven Tatbestand zu prüfendes objektives Tatbestandsmerkmal – wegen Zueignungsabsicht ist Diebstahl zugleich ein Delikt mit sog. überschießender Innentendenz

Auseinanderfallen von Vollendung und Beendigung des Delikts: Vollendung des Diebstahls mit der Wegnahme der Sache – Beendigung mit der Begründung einer hinreichend sicheren eigenständigen Verfügungsgewalt des Täters über die Sache – Bedeutung der Unterscheidung für
- Begründung einer Qualifikation,
- Möglichkeit der Beteiligung und
- Anwendbarkeit von § 252 StGB.

Fallbeispiele zur Unterscheidung Vollendung und Beendigung

3. Diebstahlsobjekt: fremde bewegliche Sache

Def: Sache im strafrechtlichen Sinn sind aller körperlichen Gegenstände ohne Rücksicht auf ihren wirtschaftlichen Wert – auch Flüssigkeiten und Gase – keine Sachen sind: Forderungen, Rechte – wie bei: menschlichem Körper? Leichen?

Def: beweglich sind alle Sachen, die fortbewegt werden können – maßgeblich ist allein die Möglichkeit der Veränderung der Lage der Sache im Raum- eine Orientierung am Zivilrecht erfolgt nicht

Def.: fremd ist eine Sache, wenn sie weder im Alleineigentum des Täters steht, noch herrenlos ist oder positiv, wenn sie sich im Allein-, Mit- oder Gesamthands-)Eigentum eines anderen befindet – Maßgeblichkeit der zivilrechtlichen Vorschriften über den Erwerb und den Verlust des Eigentums –

Beispielsfall: Diebstahl der unerkannt eigenen Schreibmaschine auf dem Flohmarkt

Beispielsfall: Tanken an einer SB-Tankstelle (Unterscheidung: Eigentumsvorbehalt des Tankstelleninhabers oder nicht, Problem der Vermischung nach § 948 BGB)

4. Diebstahlshandlung: Wegnahme

Def.: Wegnahme ist der Bruch fremden und die Begründung neuen nicht notwendigerweise tätereigenen Gewahrsams

a) Gewahrsam

– zentraler Begriff ist damit der „Gewahrsam" – unklar ist der genaue Gehalt des Begriffs des Gewahrsams – hL: Maßgeblichkeit einer primär faktischen Betrachtung unter Rückgriff auf die Verkehrsauffassung – die Rspr. bevorzugt dagegen einen sozial-normativen Gewahrsamsbegriff – dafür spricht auch der historische Hintergrund des Gewahrsamsbegriffs aus dem altdeutschen Begriff „Gewere" – im Ergebnis besteht dagegen jeweils weitgehend Einigkeit

Beispielsfall: Diebstahl des Pfluges vom Feld

Beispielsfall: Gewahrsam über einen in einem Zugabteil vergessenen Koffer

Beispielsfall: Gewahrsam an Einrichtungsgegenständen in einem Hotelzimmer

Verhältnis strafrechtlicher Gewahrsamsbegriff und zivilrechtlicher Besitzbegriff: die Begriffe Besitz und Gewahrsam decken sich nicht – ein Besitzdiener ist nie Besitzdiener, kann aber Gewahrsamsgehilfe sein – gesetzliche Besitzfiktionen beanspruchen im Strafrecht keine Geltung

Haben mehrere Personen die tatsächliche Verfügungsgewalt inne, kann Mitgewahrsam oder über- bzw. untergeordneter Gewahrsam bestehen

Beispielsfall: Gewahrsamsverhältnisse von Landwirt und Feldarbeiter an einem Traktor

Beispielsfall: Gewahrsam einer Kassiererin an ihrer Kasse

Beispielsfall: Gewahrsam des LKW-Fahrers an der Ladung

Beispielsfall: Gewahrsam am Bankschließfach und am Geld in einer Sammelbüchse

Gewahrsam geht verloren durch Tod, Verlieren der Sache, Aufgabe der Sachherrschaft – nicht aber Ohnmacht oder bloßes Vergessen eine Sache an einem bestimmten Ort

b) Gewahrsamsbruch und Gewahrsamsbegründung

Def: Gewahrsamsbruch Aufheben der Sachherrschaft des früheren Gewahrsamsinhabers ohne dessen Einverständnis – Einverständnis mit der Wegnahme kann an bestimmte Bedingungen geknüpft sein

Beispielsfall: Vorgetäuschte Beschlagnahme eines Koffers

Beispielsfälle: Entnahme von Präservativen aus einem Automat unter Überlistung des Geldprüfmechanismus – ähnlich bei Geldwechselautomaten oder beim Leerspielen von Glücksspielautomaten (letzteres ist str. vgl. OLG Celle JR 1997, 345)

Def. Gewahrsam wurde begründet, wenn der Ausübung der tatsächlichen Sachherrschaft keine wesentlichen Hindernisse mehr entgegenstehen – Maßgeblichkeit der Apprehensionstheorie unter Ergänzung durch Ablations- und Illationstheorie

Beispielsfall: T legt im Kaufhaus einen mit einem elektronischen Sicherungsetikett versehenen Pullover in seinen Rucksack und wird dabei durch den Kaufhausdetektiv K beobachtet

5. Der subjektive Unrechtstatbestand des Diebstahls

a) Vorsatz

Vorsatz kann sich auf ein bestimmtes Objekt oder in genereller Form auf alles Stehlenswerte beziehen – anders nur bei einem Vorsatzwechsel – Bedeutung des Vorsatzwechsels bei § 243 StGB

b) Zueignung

§ 242 StGB lässt seit der Neufassung durch das 6. StrRG sowohl die Selbstzueignung als auch die Drittzueignung ausreichen - historisch wurde der Zueignungsbegriff von *Feuerbach* als Sammelbegriff für die verschiedensten Angriffsformen auf das Eigentum konzipiert und erfasst danach alle Handlungen, die darauf gerichtet sind, sich das Eigentum des anderen einzuverleiben –

der Begriff der Zueignung ist allerdings bis heute umstritten: zunächst galt die Substanztheorie, Gegenstück dazu Sachwerttheorie – heute gilt: Vereinigungstheorie – Zueignung liegt dann vor, wenn sich der Täter die Sache oder den in ihr verkörperten Sachwert mit Ausschlusswirkung gegen den Eigentümer dem eigenen Vermögen einverleibt

Beispielsfall: Zurücklegen eines entwendeten Sparbuchs nach Abhebung von 3.000 €

Dabei ist zwischen der Enteignung des Alteigentümers und der Aneignung durch den Neueigentümer zu unterscheiden: die Enteignung des früheren Eigentümers muss endgültig erfolgen, die Aneignung kann dagegen nur vorübergehender Natur sein – mit der Aneignungskomponente wird der Diebstahl von der Sachentziehung und der Sachbeschädigung abgegrenzt, mit dem Enteignungskriterium von der bloßen Gebrauchsanmaßung

Beispielsfall: Wegwerfen des Gefängnisschlüssels nach erfolgtem Ausbruch

Beispielsfall: Rückgabe eines Buches an den Buchhändler, nachdem dieses gelesen wurde

c) Absicht der Zueignung

Ausreichend ist Selbst- und Drittzueignungsabsicht – die Absicht muss bei der Wegnahme vorliegen

Selbstzueignungsabsicht = animus rem sibi habendi – Aneignung muss daher Ziel des Handelns sein, in Bezug auf die Enteignung genügt einfacher Vorsatz einschließlich dolus eventualis

Beispielsfall: Rückveräußerung an den Eigentümer

Beispielsfall: Entwenden einer Geldautomatenkarte

Drittzueignungsabsicht = Absicht, die Sache in das Drittvermögen zu überführen

Beispielsfall: Der Knecht treibt die Gänse des G auf das Grundstück seines Herrn H, damit dieser über die Gänse wie eigene verfüge

6. Rechtswidrigkeit der erstrebten Zueignung

Erstrebte Zugeignung muss objektiv rechtswidrig sein – daran fehlt es, wenn der Täter einen fälligen und einredefreien Anspruch auf die Sache hat – dabei ist zu beachten, dass der Täter bei Gattungsschulden gerade keinen Anspruch auf eine bestimmte Sache hat

bei Geldschulden wird von einer Minderauffassung in der Lehre ein Diebstahl des entsprechenden Geldes abgelehnt, da es sich bei Geldschulden um eine „Wertsummenverbindlichkeit" handele – die herrschende Auffassung kommt hier indessen über die Rechtsfigur der mutmaßlichen Einwilligung zu angemesseneren Ergebnissen

Steht dem Täter entgegen seiner Ansicht ein Anspruch gegen das Opfer auf dies Sache zu, liegt bei ihm ein sog. umgekehrter Tatbestandsirrtum vorgelegen, der zur Strafbarkeit wegen – untauglichen – Versuchs führt – ebenso auch bei §§ 253, 263 StGB (vgl BGH NStZ 2008, 214)

§ 9 Der Diebstahl in einem besonders schweren Fall, § 243 StGB

I. Entstehungsgeschichte der Norm

§ 243 StGB in seiner heutigen Fassung beruht auf dem 1. StrRG vom 25.6.1969 - § 243 StGB a.F. enthielt eine abschließende Umschreibung verschiedener Qualifikationstatbestände - § 243 StGB ist dagegen nur eine Strafzumessungsvorschrift, die nicht abschließend benannte Regelbeispiele enthält –

rechtsdogmatisch sind Regelbeispiele indessen wie Qualifikationstatbestände zu behandeln – das Vorsatzerfordernis, die Irrtumsregeln des § 16 StGB und die Akzessorietätsvorschriften des § 28 StGB gelten entsprechend – auch die Regeln zum Versuch können entsprechend angewendet werden: so gibt es
- einen versuchten Diebstahl in einem besonders schweren Fall, bei versuchtem Diebstahl und vollendetem Regelbeispiel
- einen vollendeten Diebstahl in einem besonders schweren Fall, auch wenn das Regelbeispiel nur versucht wurde, aber der Wille zur Realisierung schon deutlich zum Ausdruck kam (str., aA. Regelwirkung greift gerade nicht ein, Erfassung des Unrechts über § 46 II StGB in den Grenzen des Normalstrafrahmens beim Grunddelikt)
- einen versuchten Diebstahl in einem besonders schweren Fall, bei versuchtem Diebstahl und versuchtem Regelbeispiel – gerade dieser letzte Fall ist indessen umstritten:
  - ein Teil der Literatur will hier im Einzelfall prüfen, ob die Indizwirkung des Regelbeispiels tatsächlich vorliegt und andernfalls nur die Schwere der Tat in den Grenzen des § 46 II StGB im Normalstrafrahmen
  - die herrschende Auffassung nimmt allerdings (im Anschluss an BGHSt 33, 370, 375) auch in diesen Fällen aufgrund der Tatbestandsähnlichkeit der Regelbeispiele einen Versuch an

Diese Ausführungen gelten sinngemäß auch für die übrigen Regelbeispiele des StGB z. B. in §§ 240 IV, 263 III, 266 II, 267 III StGB. Eine Tat kann mehrere Regelbeispiele verwirklichen, die im Gutachten/Urteil jeweils kumulativ zu prüfen sind. Es liegt aber gleichwohl nur eine Tat in einem besonders schweren Fall vor

II. Die einzelnen Regelbeispiele des § 243 I StGB

Der Grundgedanke für die erhöhte Strafe klingt schon in den Motiven zum StGB an, die im Anschluss an Art 159 der Carolina ausführen, für die erhöhte Strafbarkeit sei »vorzugsweise die schwere besondere Geflissentlichkeit und Hartnäckigkeit des Diebes« entscheidend.

1. Der Einbruchs-, Einsteige-, Nachschlüssel- und Verweildiebstahl, § 243 I 2 Nr. 1

Besonders pönalisiert wird der Diebstahl aus einem bestimmten räumlichen Schutzbereich – die Bestimmung der einzelnen Begrifflichkeiten erfolgt wiederum auch im Hinblick auf die historische Genese, die besondere Systematik und die Abgrenzung zu anderen Regelbeispielen wie z.B. § 243 I 2 Nr. 2

a) Geschützte Räumlichkeiten

Oberbegriff ist der umschlossene Raum – darunter fällt jedes Raumgebilde, das (zumindest auch) zum Betreten durch Menschen bestimmt und mit Vorrichtungen versehen ist, die den Zutritt von Unbefugten abwehren sollen und auch tatsächlich ein nennenswertes Hindernis bilden – umschlossen ist der Raum, wenn der Raum vor einem freien Zutritt durch jedermann geschützt ist – der Einbruch in Wohnung ist in § 244 I Nr. 3 StGB als Qualifikation geregelt, sodass § 243 insoweit subsidiär ist

Beispielsfälle (BGHSt 1, 158): Liegt ein Diebstahl aus einem Gebäude oder aus einem umschlossenen Raume mittels Einsteigens im Sinne des § 243 Abs. 1 Nr. 2 StGB vor, wenn der Dieb, der auf ordnungsmäßigem Wege in das Gebäude gelangt ist, in eine umschlossene Abteilung dieses Gebäudes einsteigt? Und: Ist ein Wohnwagen ein umschlossener Raum im Sinne des § 243 Abs. 1 Nr. 2 StGB?

> Vom Standpunkt der ständigen Rechtsprechung des Reichsgerichts mussten beide Fragen verneint werden. Nach ihr ist das Merkmal des Einsteigens in § 243 Nr. 1 nur dann verwirklicht, wenn der Täter in das Gebäude oder den umschlossenen Raum von außen einsteigt (vgl RGSt 8, 102; 30, 122). Nach dieser Rechtsansicht könnte ein Einsteigediebstahl im Sinne des § 243 Nr. 1 im Falle der ersten Frage nur bejaht werden, wenn die umschlossene Abteilung des Gebäudes, in die der Täter einsteigt, selbst als Gebäude oder als umschlossener Raum anzusehen wäre. Beides wird jedoch von der Rechtsprechung des Reichsgerichts verneint. Sie versteht unter Gebäude in Übereinstimmung mit dem allgemeinen Sprachgebrauch ein nach seiner äußeren Erscheinung und inneren Einrichtung ein einheitliches Ganzes bildendes Bauwerk (RGSt 8, 102, 104), so dass Teile oder Abteilungen eines Gebäudes nicht als selbständiges Gebäude anzusehen sind.

> **Nach Auffassung des BGH ist** aufrechtzuerhalten die reichsgerichtliche Rechtsprechung, dass die Fassung des § 243 Ziff 2 StGB »aus einem Gebäude oder umschlossenen Raume mittels Einbruchs oder Einsteigens stehlen« bedeutet: »aus einem Gebäude oder umschlossenen Raume mittels Einbruchs oder Einsteigens in das Gebäude oder den umschlossenen Raum stehlen«, dass also der Täter von außen, d. h. aus dem Bereich außerhalb der das Gebäude oder den umschlossenen Raum schützenden Umfriedungen eingebrochen oder eingestiegen sein muss.

> Die Entstehungsgeschichte des § 243 Nr. 2 StGB ist im Urteil des Reichsgerichts RGSt 4, 164, ausführlich wiedergegeben. Aus dieser Vorgeschichte ergibt sich, dass die Vorschrift des § 243 Nr. 2 StGB auf § 218 Nr. 2 PrStGB zurückgeht. Diese betrifft den Fall, dass »in einem Gebäude oder in einem umschlossenen Raum vermittels Einbruchs oder Einsteigens gestohlen wird«. Im ersten Entwurf des Preußischen Strafgesetzbuches von 1830 fehlt jedoch noch der Begriff des umschlossenen Raums. Der verstärkte Strafschutz sollte nur den Gebäuden zuteilwerden. Die späteren Entwürfe wollten ihn bald auf den umschlossenen Hof oder Garten eines Hauses, bald auf den zu einem Gebäude gehörigen Hofraum ausdehnen, bald zu der Auffassung des ersten Entwurfs zurückkehren. In der endgültigen Fassung enthielt jedoch das Preußische Strafgesetzbuch neben den Gebäuden nur noch den allgemeineren Begriff des umschlossenen Raumes. Dieser wurde unverändert in § 243 Nr. 2 StGB übernommen.

> Entscheidend ist jedoch, dass der schließlich in das Gesetz übergegangene Ausdruck »umschlossener Raum« seinem klaren Wortsinn nach in keiner Weise zum Ausdruck bringt, es seien nur solche Räume gemeint, die unmittelbar ein Stück Erdoberfläche umgrenzen, und

dass darüber hinaus eine solche künstlich verengerte Auslegung dem Sinne und Zwecke der durch § 243 Nr. 2 gesetzten Strafschärfung nicht entsprechen würde.

Das Schiff und der Wohnwagen sind genau in derselben Weise stärker befriedet und darum ebenso schutzwürdig wie das Gebäude oder der eingehegte Obstgarten. Es wäre nicht sinnvoll, ihnen gegen diebisches Einbrechen und Einsteigen überhaupt keinen verstärkten Strafschutz zu gewähren.

b) Tatmodalitäten

besondere Tatmodalitäten sind das Einbrechen, Einsteigen und das Sich-Verborgenhalten – jeweils zur Ausführung der Tat – Diebstahlsvorsatz muss also bereits bei der Vornahme diese Handlungen vorgelegen haben

Def. Einbrechen – gewaltsame, nicht notwendig substanzverletzende Öffnen einer dem Zutritt entgegenstehenden Umschließung

Def. Einsteigen – jedes Hineingelangen in den umschlossenen Raum durch eine zum ordnungsgemäßen Eintritt nicht bestimmte Öffnung – erforderlich ist, dass der Täter innerhalb des Raumes einen Stützpunkt gefunden hat, der ihm die Wegnahme ermöglicht

Def. Eindringen mit einem falschen Schlüssel oder einem nicht zur ordnungsgemäßen Öffnung bestimmten Werkzeug – falsch ist jeder Schlüssel, der vom Berechtigten nicht (mehr) zum Öffnen des betreffenden Verschlusses bestimmt ist – verständlicher wäre der Wortlaut „unzulässiger Schlüssel" – Werkzeuge sind alle solche Werkzeuge (Haken, Dietriche etc.) die ordnungswidrig den Verschlussmechanismus in Gang setzen

Beispiel (BGHSt 13, 15): Ein Schlüssel, den der bisherige Mieter bei seinem Auszug ohne Wissen des Vermieters behält, ist vom Augenblick des Auszuges des Mieters an nicht mehr zur ordnungsmäßigen Eröffnung des vorher von ihm bewohnten Raumes bestimmt.

Def. Sich-Verborgen-halten – Täter muss seine nicht (mehr) berechtigte Anwesenheit geflissentlich verborgen halten

2. Überwinden besonderer Schutzvorrichtungen, § 243 I Nr. 2 StGB

Def. verschlossenes Behältnis – ein zur Aufnahme von Sachen dienendes und sie umschließendes Raumgebilde, das im Gegensatz zum umschlossenen Raum nicht zum Betreten durch Menschen bestimmt ist – verschlossen ist das Behältnis, wenn es durch eine Schließvorrichtung gegen Zugriff von außen besonders gesichert ist

Def. andere Schutzvorrichtung – alle sonstigen Vorkehrungen, die dazu bestimmt sind, die Wegnahme wenigstens zu erschweren – Bsp. Fahrradschloss, Ketten, Stricke als Mittel zur Verhinderung von Wegnahmen, zugenagelte Kisten, verschnürte Postpakete – aber: jeweils Frage des Einzelfalls

Beispielsfall: Wegnahme einer Geldkassette, wobei die Geldkassette erst nach der Tat in der Wohnung des Täters geöffnet wird

> Zum Diebstahl einer durch ein verschlossenes Behältnis gegen Wegnahme besonders gesicherten Sache gehört nicht, dass das Behältnis am Tatort geöffnet wird (BGHSt 24, 248) - dies folgt zwar nicht zwingend aus dem jetzigen Wortlaut der Bestimmung, wohl aber aus den kriminalpolitischen Motiven des Gesetzgebers, während der Gesetzesberatung, der den Fall», dass der Dieb die verschlossene Kassette aus einem Haus stiehlt und erst an einem anderen Ort aufbricht«, § 243 StGB zuordnen wollte - dass das Behältnis als solches bis zur Tatvollendung möglicherweise keine den Gewahrsam des Berechtigten schützende Funktion mehr erfüllt, ist nunmehr von untergeordneter Bedeutung - diesem Umstand kann allenfalls bei der Strafzumessung Rechnung getragen werden, in Ausnahmefällen bei Vorliegen weiterer gewichtiger, hier nicht ersichtlicher, Faktoren sogar derart, dass die Zuordnung der Tat, die ein Regelbeispiel des § 243 StGB erfüllt, zu der Strafrahmenstufe dieser Bestimmung als unangemessen erscheint

Beispielsfall: Sicherung eins Kleidungsstückes mit einem Sicherungsetikett, das am Ausgang des Geschäfts einen Alarm auslöst – Sicherung gegen Wegnahme oder Erleichterung der Wiedererlangung?

3. Gewerbsmäßiger Diebstahl, § 243 I 2 Nr. 3 StGB

Def. gewerbsmäßig – durch wiederholte Tatbegehung muss eine fortlaufende Einnahmequelle von einigem Umfang und einer gewissen Dauer erstrebt werden - für Gewerbsmäßigkeit als besonderes persönliches Merkmal gilt § 28 II StGB entsprechend

Beispielsfall: T stielt zum ersten Mal, hat sich aber vor seiner ersten Tat entschlossen, mit diesen Diebstählen dauerhaft seinen Drogenkonsum zu finanzieren

Beispielsfall: T stiehlt gewohnheitsmäßig in kleinerem Umfang Zigaretten

4. Kirchendiebstahl, § 243 I 2 Nr. 4 StGB

dem Gottesdienst gewidmet sind alle Sachen, die unmittelbar dazu dienen, dass an oder mit ihnen gottesdienstliche Handlungen vorgenommen werden - hierher gehören nicht nur die im kirchenrechtlichen Sinn geweihten und für gottesdienstliche Verrichtungen bestimmten Gegenstände wie Altäre, Kelche oder Monstranzen samt Schmuck und Zubehör - hierunter fallen vielmehr auch in der Kirche aufgestellte, angebrachte oder aufbewahrte Gegenstände der religiösen Verehrung – an dieser Betrachtungsweise vermag die in § 304 StGB vorgenommene begriffliche Trennung zwischen Gegenständen der religiösen Verehrung und dem Gottesdienst gewidmeten Sachen, die sich auf einen weiteren Bereich bezieht, nichts zu ändern - maßgebend sind die Anschauungen der betreffenden Glaubensgemeinschaft

5. Diebstahl von Kulturgütern, § 243 I 2 Nr. 5 StGB

Normzweck ist der besondere Schutz von Kulturgütern – vergleichbar mit § 304 StGB

Tatobjekte sind Sachen, die unter Zugrundelegung strenger Maßstäbe kulturelle Bedeutung haben – eine Sammlung ist allgemein zugänglich, wenn sie für einen der Zahl und Individualität nach unbestimmten Personenkreis geöffnet ist

6. Diebstahl unter Ausnutzung fremder Notlagen, § 243 I 2 Nr. 6 StGB

hilflos ist, wer nicht aus eigner Kraft in der Lage ist, einem Gewahrsamsbruch wirksam zu begegnen – vorübergehende Hilflosigkeit genügt

Unglücksfall ist ein plötzliches äußeres Ereignis, das eine erhebliche Gefahr für Personen oder Sachen mit sich zu bringen droht –
Gemeine Gefahr ist eine Situation, in der erheblicher Schaden für Leib oder Leben oder an bedeutsamen Sachwerten für unbestimmt viele Personen wahrscheinliche ist – Beispiel Erdbeben, Überschwemmung

Ausnutzen der Notlage setzt Begehen der Tat in Kenntnis der besonderen Umstände voraus

7. Waffen- und Sprengstoffdiebstahl, § 243 I 2 Nr. 7 StGB

Eingeführt durch das StrÄndG vom 9.6.1989 – Zweck. Bekämpfung typischer Phänomene im Vorfeld und Umfeld der Begehung politisch motivierter Gewalttaten – im Bereich der Eigentumsdelikte kaum systemgerechte Vorschrift – im Übrigen wird hier regelmäßig bereits ein Regelbeispiel gem. § 243 I 2 Nr. 1 oder 2 StGB verwirklicht sein

III. Die Geringwertigkeitsklausel des § 243 II StGB

§ 243 II StGB normiert eine zwingende Ausschlussklausel – auch die Annahme eines atypischen schweren Falles ist damit ausgeschlossen

Geringwertig ist eine Sache, wenn ihr Verlust nach der allgemeinen Verkehrsauffassung als unerheblich anzusehen ist – die Obergrenze liegt nach heute herrschender Auffassung bei etwa 50 € - entscheidend ist der Gesamtwert der Diebesbeute – hat die Sache keinen in Geld messbaren Verkehrswert ist § 243 II StGB grundsätzlich nicht anwendbar

Tat muss sich auf eine geringwertige Sache „beziehen" – Regelbeispiel ist damit nur ausgeschlossen, wenn sich die Tat objektiv und subjektiv auf eine geringwertige Sache bezieht - Folgen für Irrtumsfälle:
- nimmt der Täter irrig eine Geringwertigkeit der Sache an, ist § 243 II StGB nicht erfüllt – allerdings kann die Regelwirkung entfallen (aA § 16 analog)
- nimmt der Täter irrig einen höheren Wert an, ist § 243 II StGB wiederum nicht erfüllt – auch hier kann aufgrund einer Gesamtwürdigung die Regelwirkung entfallen – (aA entsprechende Anwendung der Versuchsregeln)

Für den Diebstahlsvorsatz ist es nach der Rechtsprechung unwesentlich, ob er zunächst auf bestimmte Gegenstände beschränkt war. Der Diebstahlsvorsatz bleibt derselbe, auch wenn er sich im Rahmen einer einheitlichen Tat hinsichtlich des Diebstahlsgegenstandes verengt, erweitert oder sonst ändert - wer also in Diebstahlsabsicht einen Einbruch verübt, macht sich des schweren Diebstahls schuldig, auch wenn er bei dem Einbrechen eine geringwertige Sache und nur diese stehlen wollte, nach dem Einbruch aber eine andere wertvollere Sache wegnimmt - das gilt erst recht, wenn keine andere Sache, sondern mehr, als ursprünglich geplant, weggenommen wird – anders ist die Sachlage nur dann zu beurteilen, wenn der Täter wegen des erfolglosen Versuches, eine bestimmte Sache zu stehlen, seine ursprüngliche diebische Absicht überhaupt aufgibt und sich dann erst erneut entschließt, etwas anderes zu stehlen.

§ 10 Der Diebstahl mit Waffen, Banden- und Wohnungseinbruchsdiebstahl, § 244 StGB sowie schwerer Bandendiebstahl, § 244a StGB

I. Allgemeines

§§ 244, 244a StGB sind Qualifikationstatbestände – die Qualifikationsgründe sind damit zwingend und abschließend – beide Vorschriften haben ihre heutige Form im Wesentlichen durch das 6. StrRG erhalten und wurden 2011 und 2017 angepasst – der Versuch der §§ 244. 244a StGB ist strafbar

II. Diebstahl mit einer Waffe oder einem gefährlichen Mittel, § 244 I Nr. 1a StGB

§ 244 I Nr. 1 StGB verlangt das Beisichführen einer Waffe oder eines gefährlichen Werkzeugs – Qualifikationsgrund: besondere Gefährlichkeit – Wortlaut aber irreführend: Beisichführen eines gefährlichen Werkzeugs setzt einen Verwendungsvorbehalt voraus – daher strenge Abgrenzung zwischen Waffe und gefährlichem Werkzeug notwendig – Beisichführen setzt voraus, dass die Waffe oder das gefährliche Werkzeug zu irgend einem Zeitpunkt zwischen Versuchsbeginn und Vollendung (nicht: Beendigung) im Bewusstsein der Verwendbarkeit zur Verfügung steht – die Waffe muss sich so in der räumlichen Nähe des Täters befinden, dass er sich ihrer jederzeit, also ohne nennenswerten Zeitaufwand und ohne besondere Schwierigkeiten bedienen kann – Beispiel: Messer im Gürtel, Pistole im Rucksack, nicht: Pistole im am Straßenrand geparkten PKW – ausreichend ist, wenn einer von mehreren Beteiligten eine Waffe beisichführt –

Waffe ist nur die Waffe im technischen Sinn - also jeder Gegenstand, der seiner Anfertigung nach dazu bestimmt ist, durch seinen üblichen Gebrauch Menschen zu verletzen – maßgeblich sind die Bestimmungen des WaffenG und der natürliche Sprachgebrauch – Beispiel: Schusswaffen, Stichwaffen, Knüppel, Schlagringe, Kampfmesser

Frage: Fallen unter den Begriff der Waffe auch Gaspistolen und Schreckschussrevolver?

> Unter den Begriff der Waffe im Sinne dieser Vorschrift fallen auch geladene Gaspistolen, wenn das Gas nach vorne durch den Lauf austreten kann; denn derartige Pistolen sind nach ihrer Beschaffenheit und ihrem Zustand bei bestimmungsgemäßer Verwendung geeignet, erhebliche Verletzungen zuzufügen (st. Rspr.) – nichts Anderes gilt für Schreckschussrevolver, mit denen neben Platzpatronen auch Gasmunition abgefeuert werden kann, wenn sie mit derartiger Munition geladen sind und das Gas beim Abfeuern durch den Lauf nach vorne austritt. In diesem Falle ist es für die Einordnung des Revolvers als Waffe ohne Belang, ob und wie er in der konkreten Tatsituation eingesetzt wird (anders bei Aufmunitionierung mit Platzpatronen) –

Beispielsfall: Der Streifenpolizist S entwendet in der Mittagspause ein Brötchen aus einer Bäckerei, wobei er voll uniformiert ist und seine Dienstpistole am Gürtel trägt

> Da das Gesetz keinerlei Ausnahmen vorsieht, ist diese Vorschrift schon nach ihrem Wortlaut auf den Polizeibeamten anwendbar, der bei der Begehung eines Diebstahls Dienstkleidung trägt und damit die ihm als dienstliche Ausrüstung überlassene Schusswaffe bei sich führt. Diese Auslegung wird auch dem Sinn der Vorschrift gerecht. Der Diebstahl mit Schusswaffen

ist wegen der von einer solchen Waffe ausgehenden Gefährlichkeit mit einer schwereren Strafe bedroht; für diese Gefährlichkeit begründet es aber keinen Unterschied, ob der Täter die Waffe zufällig bei sich führt oder ob er kraft seines Amtes oder Berufs zum Tragen der Schusswaffe dienstlich verpflichtet erscheint und sich bei Ausübung seines Dienstes eines Diebstahls schuldig macht. Das Bewusstsein der Verfügung über ein so gefährliches und handliches Angriffsmittel kann leicht zum Einsatz der Schusswaffe führen. Diese Gefahr ist bei einem diebischen Polizeibeamten nicht geringer einzuschätzen als bei einem anderen mit einer Schusswaffe ausgerüsteten Täter; hat ein solcher Beamter erst einmal die hohe Hemmschwelle überwunden, die ihn von der Begehung eines Diebstahls abhalten müsste, dann ist nicht ersichtlich, was ihn mehr als einen anderen Täter hindern sollte, sich durch plötzlich auftretende Probleme zum Einsatz der Schusswaffe verleiten zu lassen, zumal für ihn bei Entdeckung in der Regel die weitere Berufslaufbahn auf dem Spiele steht. (str. aA für teleologische Reduktion bei Berufswaffenträgern).

Gefährliches Werkzeug sollte nach Auffassung des Gesetzgebers im Sinne des gefährlichen Werkzeugs in § 224 I Nr. 2 StGB (und damit eher extensiv) verstanden werden – der Verweis ist indessen problematisch, da § 244 I Nr. 1a anders als § 224 StGB gerade keine Verwendung erfordert – genaue Begriffsbestimmung ist daher umstritten:
- Zum Teil wird eine abstrakte objektive Gefährlichkeit,
- zum Teil wird auf erfahrungsgemäß bestehende Verletzungsgefahren,
- zum Teil wird auf deren ohne weiteres ersichtliche Eignung,
- zum Teil wird auf eine Waffenersatzfunktion abgestellt;
- andere verlangen subjektivierend im Rahmen einer teleologischen Reduktion des Wortlauts einen inneren Verwendungsvorbehalt oder eine entsprechende subjektive Widmung („Widmungstheorie");
- oder kombinieren die objektive Beschaffenheit mit der Bestimmung des Werkzeugs durch den Täter („Kombinationstheorie").

III. Diebstahl mit sonstigen Werkzeugen und Mitteln, § 244 I Nr. 1b StGB

Vorschrift soll nach der Vorstellung des Gesetzgebers die Funktion eines Auffangtatbestandes erfüllen – entsprechend gering ist der Anwendungsbereich der Norm

Werkzeug oder Mittel sind danach alle Gegenstände, die sich zwar zur Anwendung von Gewalt oder zur Drohung mit Gewalt eignen, aber schon nach ihrer objektiven Beschaffenheit oder nach der Art ihrer geplanten Verwendung keine erheblichen Verletzungen hervorrufen und in diesem Sinn als ungefährlich bezeichnet werden können – Bsp. Kabelstück zur Fesselung, Scheinwaffen

Verwendungsvorbehalt ist vom Gesetzeswortlaut her zwingend geboten – str. ist, ob eine erhebliche Beeinträchtigung der mitbetroffenen Rechtsgüter zu fordern ist – dagegenspricht, dass der Gesetzgeber mit der Neufassung des § 244 I Nr. 1 b StGB sich gegen die zur früheren Gesetzesfassung vertretenen Gefährlichkeits- und für auch zur damaligen Gesetzesauffassung von der Rechtsprechung vertretene Eindruckstheorie entschieden hat.

IV. Der Bandendiebstahl, § 244 I Nr. 2

Strafschärfung gründet sich auf die latent bestehende Organisationsgefahr – im Schrifttum wird daneben auch die besondere Ausführungsgefahr als Grund für die Strafschärfung angeführt – dem schließt sich die Rechtsprechung indessen nicht an – praktisch hat diese Diskussion ihr Auswirkungen an verschiedenen Stellen

neben dem einfachen Bandendiebstahl in § 244 I Nr. 2 hat der Gesetzgeber den schweren Bandendiebstahl in § 244a StGB normiert

1. Der Bandenbegriff

der Begriff der Bande setzt nach heute herrschender Auffassung den Zusammenschluss von mindestens drei (nach früherer Rspr.: zwei) Personen voraus, die sich mit dem Willen verbunden haben, künftig für eine gewisse Dauer mehrere selbständige, im Einzelnen noch ungewisse Straftaten des im Gesetz genannten Deliktstyps zu begehen (BGHSt 46, 321) - ein »gefestigter Bandenwille« oder ein »Tätigwerden in einem übergeordneten Bandeninteresse« ist nicht erforderlich - von der kriminellen Vereinigung unterscheidet sich die Bande damit dadurch, dass sie keine Organisationsstruktur aufweisen muss und für sie kein verbindlicher Gesamtwille ihrer Mitglieder erforderlich ist, diese vielmehr in einer Bande ihre eigenen Interessen an einer risikolosen und effektiven Tatausführung und Beute- und Gewinnerzielung verfolgen können

Mitglied einer Bande kann nach neuerer Rspr (BGHSt 47, 214, str.) auch derjenige sein, dem nach der Bandenabrede nur Aufgaben zufallen, die sich bei wertender Betrachtung als Gehilfentätigkeit darstellen - die in der Bandenabrede begründete erhöhte abstrakte Gefährlichkeit durch die auf eine gewisse Dauer angelegte enge Bindung, die einen ständigen Anreiz zur Fortsetzung der kriminellen Tätigkeit bildet (Organisationsgefahr), besteht bei einer Diebesbande unabhängig davon, ob dem einzelnen Mitglied bei der Verwirklichung der konkreten Tat eine „täterschaftliche" Beteiligung zufällt - ebenso wie es zur Qualifikation der Einzeltat als Bandentat genügt, dass bei der eigentlichen Tatbegehung ein Bandenmitglied allein handelt und sich die erforderliche Mitwirkungshandlung eines weiteren Bandenmitglieds in Beihilfehandlungen etwa im Vorbereitungsstadium erschöpft, ist die Zusage regelmäßiger Erbringung solcher Tatbeiträge auch grundsätzlich geeignet, die Bandenmitgliedschaft zu begründen – allerdings darf es sich nicht um Beiträge von gänzlich untergeordneter Bedeutung handeln, da diese eine Organisationsgefahr schwerlich begründen oder steigern können

2. Bandenmäßige Begehung

nicht vorausgesetzt wird, dass wenigstens zwei Bandenmitglieder örtlich und zeitlich den Diebstahl zusammen begehen – es reicht aus, wenn ein Bandenmitglied als Täter und ein anderes Bandenmitglied beim Diebstahl in irgendeiner Weise zusammenwirken - die Wegnahmehandlung selbst kann auch durch einen bandenfremden Täter ausgeführt werden

3. Gemischte Bande?

das Gesetz sieht eine aus Dieben und Hehlern bestehende „gemischte" Bande als Qualifikationsmerkmal nur bei den Hehlereitatbeständen (§§ 260 Abs. 1 Nr. 2, 260a Abs. 1 StGB) vor – nicht dagegen bei den entsprechenden Diebstahlstatbeständen (§§ 244 Abs. 1 Nr. 2, 244a Abs. 1 StGB)

V. Der Wohnungseinbruchsdiebstahl, § 244 I Nr. 3, IV StGB

1. Historie

Wohnungseinbruchsdiebstahl wurde mit dem 6. StRG aus dem Bereich des § 243 I 2 Nr. 1 StGB herausgelöst – früheres Regelbeispiel wurde damit zur Qualifikation aufgewertet – zu den Tatmodalitäten gelten die Erläuterungen zu § 243 I 2 Nr. 1 StGB entsprechend – für den Einbruch in Privatwohnungen wurde 2017 in Abs. 4 eine weitere Qualifikation eingeführt

2. Wohnungsbegriff

Beim Begriff der Wohnung ist eine tatbestandsspezifische Begriffsbildung geboten – ein einfacher Verweis auf § 123 StGB (wie früher im Rahmen von § 243 I 2 Nr. 1 aF) ist angesichts der Mindeststrafe von 6 Monaten Freiheitsstrafe nicht angemessen – einiges spricht daher dafür, den Wohnungsbegriff auf einen inneren Kern zurückzuführen - aber: seit 2011 Regelung für minderschwere Fälle in Abs. 3

Beispielsfall: Diebstahl einer Rolle Toilettenpapier aus einer Flurtoilette

3. Privatwohnung gem. § 244 Abs. 4

eingeführt durch Gesetz vom 17.7.2017 (BGBl I 2442) wurde eine zweite Qualifikationsstufe für den Wohnungseinbruch – Ziel der Neuregelung ist insbesondere eine materiell-rechtliche Grundlage für besondere strafprozessuale Ermittlungsmaßnahmen wie insbes. die TKÜ zu schaffen

Privatwohnungen = Wohnungen, die dauerhaft zu privaten Zwecken genutzt werden – nicht erfasst werden: Hotelzimmer, Ferienhäuser, freistehende Garage

VI. Minder schwere Fälle gem. § 244 Abs. 3

§ 244 Abs. 3 erlaubt eine Strafrahmenmilderung für minder schwere Fälle des § 244 Abs. 1 (nicht Abs. 4) – Hinweise für minder schwere Fälle sind atypisch geringer Unrechtsgehalt, geringe Beute, Nachtatverhalten, besonders entlastende Tatmotivation

VII. Der schwere Bandendiebstahl, § 244a StGB

Weitere Qualifizierung des Bandendiebstahls gem. § 244 Abs. 1 Nr. 2 zu einem Verbrechen

Deliktscharakter: Kombination des Bandendiebstahls mit einem der Erschwerungsgründe in § 243 I 2 Nr. 1 – 7, 244 I Nr. 1 u. 3 StGB - Regelbeispiele des § 243 werden durch den Verweis in § 244a StGB zu echten Tatbestandsmerkmalen

§ 11 Unterschlagung und Veruntreuung

I. Die Unterschlagung gem. § 246 I StGB

1. Allgemeines

§ 246 StGB ist Auffangtatbestand aller Zueignungsdelikte – Zueignung kann insbesondere auch durch Raub, Betrug, Erpressung, Untreue und Hehlerei erfolgen – im Gutachten ist die Unterschlagung daher nach diesen spezielleren Delikten zu prüfen

2. Tatbestand der Unterschlagung

Tatbestand der Unterschlagung ist die Zueignung einer fremden beweglichen Sache – in der objektiven Tathandlung muss sich der Zueignungswille manifestieren (= deutlich werden) – im pr.StGB waren dabei als Unterschlagungshandlungen aufgeführt das Veräußern, Verpfänden, Verbrauchen, Beiseiteschaffen und Ableugnen des Gewahrsams – Besitz oder Gewahrsam an der unterschlagenen Sache muss der Täter seit der Neufassung der Unterschlagung durch das 6. StrRG nicht besitzen – eine bloße Berührung des Eigentums genügt indessen nicht – die Rechtswidrigkeit der Zueignung ist Tatbestandsmerkmal

Beispielsfall: Der in Berlin lebende T schenkt dem M das in München verloren gegangene Fahrrad des F (nach Wessels/Hillenkamp Rn. 293)

umstritten ist, ob eine wiederholte Zueignung möglich ist – nach der
- Tatbestandslösung (Rspr) ist eine wiederholte Zueignung tatbestandlich ausgeschlossen – dafür spricht insbesondere der übliche Sprachgebrauch – aber: auch Tatbestandslösung kommt nicht ohne Korrekturen aus
- Konkurrenzlösung (hL) ist eine wiederholte Zueignung möglich – mit der Auffangfunktion des Tatbestandes wohl besser zu vereinbaren – allerdings beginnt mit jeder neuen Zueignungshandlung die Verjährungsfrist neu zu laufen

die Reichweite der Subsidiaritätsklausel richtet sich nach dem Begriff der „Tat" - dieser Begriff ist hier weit zu verstehen und erfasst nicht nur andere Delikte, die ebenfalls ein Zueignungsunrecht ausdrücken - eine solche Einschränkung der Subsidiaritätsklausel wäre mit dem Wortlaut des Gesetzes, dessen möglicher Wortsinn die äußerste Grenze der Auslegung strafrechtlicher Bestimmungen zum Nachteil des Angeklagten markiert unvereinbar - daher gilt die Subsidiaritätsklausel des § 246 StGB für alle Delikte mit höherer Strafdrohung (BGHSt 47, 243)

II. Die veruntreuende Unterschlagung, § 246 II StGB

Qualifikation zur einfachen Unterschlagung – Grund hierfür ist der Bruch des besonderen persönlichen Vertrauensverhältnisses – dieses Verhältnis ist ein persönliches Merkmal iSv § 28 II StGB

anvertraut sind solche Sachen, die der Täter vom Eigentümer oder einem Dritten mit der Verpflichtung erlangt hat, sie zu einem bestimmten Zweck zu verwenden, aufzubewahren oder sie wieder zurückzugeben – das dem Anvertrauen zugrundeliegende Rechtsgeschäft kann auch sittenwidrig oder aus anderen Gründen nichtig sein, maßgeblich ist insoweit eine faktische Betrachtung

§ 12 Privilegierte Fälle des Diebstahls und der Unterschlagung

I. Übersicht

In den nachfolgend besprochenen privilegierten Fällen des Diebstahls und der Unterschlagung werden diese nur auf Antrag verfolgt – antragsberechtigt ist gem. § 77 I StGB der Verletzte – sowohl § 247 StGB als auch § 248a StGB erfassen bei der Unterschlagung auch den Veruntreuungstatbestand

Irrtumsfragen werden wie folgt behandelt: Der Strafantrag ist nach allgemeiner Rechtsprechung eine Bedingung der Verfolgbarkeit, gehört also zu den Verfahrensvoraussetzungen, sodass es für diesen Bereich allein auf die tatsächlichen Gegebenheiten, nicht auf die Vorstellung des Täters ankommt. Dessen irrige Annahme, die von ihm begangene Tat sei nur auf Antrag zu verfolgen, ist ebenso unerheblich, wie umgekehrt bei einem Antragsdelikt seine Meinung, eines Strafantrages bedürfe es nicht. Das gilt ohne Einschränkung auch für diejenigen Straftaten, deren Verfolgung nur dann von einem Antrag abhängt, wenn sie sich gegen bestimmte Personen, insbesondere einen Angehörigen richten (§§ 247 Abs. 1, 263 Abs. 5, 265a Abs. 3, 266 Abs. 3, 294 StGB).

II. Haus- und Familiendiebstahl, § 247 I StGB

Zweck des Strafantragserfordernisses ist der Schutz des familiären Friedens vor zusätzlichen Störungen – Verfolgung eines Diebstahls oder einer Unterschlagung setzt einen Strafantrag voraus, wenn sich die Tat gegen einen Angehörigen, Betreuter, Vormund oder eine Person richtet, mit der der Täter in häuslicher Gemeinschaft lebt – Angehörigerbegriff in § 11 I Nr. 1 StGB gesetzlich definiert – häusliche Gemeinschaft ist jede frei gewählte Wohn- und Lebensgemeinschaft, die auf eine gewisse Dauer angelegt und von dem Willen getragen ist, die aus der persönlichen Bindung folgenden Verpflichtungen zu übernehmen – Bsp. Internat, StudentenWG, anders Soldaten in der Kaserne – Strafantragserfordernis bleibt auch nach Auflösung der häuslichen Gemeinschaft bestehen

III. Diebstahl und Unterschlagung geringwertiger Sachen, § 248a StGB

Zweck des Strafantragserfordernisses ist hier das geringe Unrecht der Tat – § 248a StGB soll iVm §§ 153, 153a StGB Fälle der Bagatellkriminalität lösen – Strafverfolgungsbehörde kann aber einschreiten, wenn ein besonderes öffentliches Interesse besteht – geringwertig sind Sachen mit einem Verkehrswert von ca. 30 bis 50 €

§ 13 Raub und Erpressung

I. Kriminologie und Systematik

Anteil der Raubdelikte an der Gesamtkriminalität unter 1% - Aufklärungsquote ca. 50 % - weite Erscheinungsformen: Rauüberfälle auf Bankinstitute und Handtaschenraub

Raub als Eigentumsdelikt – Erpressung als Vermögensdelikt – eigenständige Normierung des Raubtatbestandes historisch vor allem erklärbar aus der kriminologisch typischen Erscheinungsform

Systematik des zwanzigstens Abschnitts des StGB im Einzelnen umstritten: Raub gem. § 249 StGB als eigenständiger Tatbestand oder nur als Spezialfall der Erpressung gem. § 253 StGB – Diskussion wiederum am besten vor dem Hintergrund der historischen Ausbildung der Tatbestände zu verstehen

II. Der Grundtatbestand des Raubes, § 249 StGB

1. Grundstruktur und Schutzgüter

Grundtatbestand des Raubes enthält alle objektiven Merkmale des Diebstahls (§ 242 StGB) und einer qualifizierten Nötigung – § 249 StGB normiert damit zweiaktiges Delikt sui generis

geschützte Rechtsgüter sind Eigentum und persönliche Freiheit

2. Tatbestand

Darstellung nur, soweit Tatbestandsmerkmale von §§ 240, 242 StGB abweichen

Raubmittel enger als bei einfacher Nötigung – sog. qualifizierte Raubmittel:
- Gewalt gegen eine Person: nur sog. körperlich wirkender Zwang – maßgeblich die beim Oper erzielte Zwangswirkung – Sachgewalt genügt nur, wenn sich Sacheinwirkung mittelbar gegen eine Person richtet – auch gegenüber Schlafenden und Bewusstlosen – Erscheinungsformen sind vis absoluta und vis compulsiva
- Drohung mit gegenwärtiger Gefahr für Leib oder Leben: Drohung muss den Anschein der Ernstlichkeit erwecken – Gegenwärtigkeit der Gefahr u.U. auch bei einer Fristsetzung (BGH NStZ 1999, 406)

Subjektiver Tatbestand:
- Vorsatz
- Zueignungsabsicht
- finale Verknüpfung der Wegnahme mit der Anwendung von Raubmitteln – objektive Finalität also nicht erforderlich – Ausnutzen einer zuvor ohne Wegnahmevorsatz verübten Gewalt genügt nicht – aber: im Fortdauern der Gewalt kann konkludente Drohung liegen, dann ausreichend

3. Sonstiges

Beteiligung: Mittäterschaft erfordert (Dritt-)Zueignungsabsicht – sukzessive Mittäterschaft ist möglich

Vollendung der Tat erst mit der Vollendung der Wegnahme – zuvor selbst bei vollendeter Gewaltanwendung nur Versuch - § 30 StGB bei Beteiligung mehrerer

durch das 6. StrRG neu gefasst – aufgrund der Verweisung in § 255 StGB auch auf Erpressung (§ 253 StGB) anwendbar

III. Raubqualifikationen

1. Einfache Raubqualifikationen, § 250 Abs. 1 StGB

Abs. 1 Nr. 1a:	Beisichführen von Waffen oder anderen gefährlichen Werkzeugen – zu den Begriffen des Beisichführens, der Waffe und des gefährlichen Werkzeugs vgl. § 244 I Nr. 1a
Abs. 1 Nr. 1b:	entspricht § 244 I Nr. 1 b – also: Auffangtatbestand insbes. für Scheinwaffen – hier freilich systemwidrig, weil alle anderen Qualifikationen ihren Grund in der gesteigerten objektiven Gefährlichkeit der Tat haben
Abs. 1 Nr. 1c:	Gefahr einer schweren Gesundheitsbeschädigung – Begriff nicht mit § 226 StGB gleichzusetzen – ausreichend ist, dass Wiederherstellung der Gesundheit von umfangreiche Rehabilitierungsmaßnahmen notwendig sind – keine Erfolgsqualifikation iSv § 18 StGB, sondern Gefährdungstatbestand –
Abs. 1 Nr. 2:	Bandenraub entspricht dem Vorbild des § 244 I Nr. 2 StGB – zu näheren Ausführungen siehe dort

2. Schwere Raubqualifikationen, § 250 Abs. 2 StGB

Abs. 2 Nr. 1	verwenden von Waffen oder gefährlichen Werkzeugen – pönalisiert wird die abstrakte Gefährlichkeit funktionsbereiter Waffen – Scheinwaffen und Schreckschusspistolen fallen daher nicht unter § 250 Abs. 2 Nr. 1
Abs. 2 Nr. 2	bewaffneter Bandenraub
Abs. 2 Nr. 3a	schwere körperliche Misshandlung – erforderlich sind schwere Gesundheitsbeschädigungen iSv § 250 I Nr. 1c oder besonders rohe Misshandlungen
Abs. 2 Nr. 3b	Lebensgefährdung – konkretes Gefährdungsdelikt – also Vorsatz erforderlich

3. Minder schwerer Fall des Raubes, § 250 III StGB

4. Sonderproblem: Verwirklichung eines Qualifikationsmerkmals im Zeitraum zwischen Vollendung und Beendigung

Möglichkeit der Verwirklichung eines qualifizierenden Umstandes im Zeitraum zwischen Vollendung und Beendigung ist umstritten – Bsp.: lebensgefährlicher Schuss auf das Opfer (§ 250 II Nr. 3a) nach Vollendung einer räuberischen Erpressung:

- hL: Verwirklichung eines Qualifikationsmerkmals ist nach Vollendung des Delikts nicht mehr möglich – arg.: durch das Geschehen nach Vollendung wird die Tat nicht mehr in der vom Gesetzgeber bei der Normierung des Qualifikationstatbestandes vorausgesetzten Weise geprägt
- BGH früher: Verwirklichung eines Qualifikationsmerkmales auch nach Vollendung bis zur Beendigung möglich – arg.: Unrechtsgehalt der Tat ist vergleichbar
- BGH neu (BGHSt 53, 234; BGH NJW 2010, 1892): Einschränkung der früheren Rechtsprechung im subjektiven Tatbestand – Unrechtsgehalt der Taten nur vergleichbar, wenn der Täter bei der Verwirklichung des Qualifikationsmerkmals mit „Beutesicherungsabsicht" handelt – damit im Grunde: Ergänzung des subjektiven Qualifikationstatbestandes des § 250 StGB um besonderes Absichtserfordernis des räuberischen Diebstahls (§ 252 StGB, dazu unten IV. 2.) – überzeugend?

IV. Der Raub mit Todesfolge, § 251 StGB

1. Tatbestand

erfolgsqualifiziertes Delikt
qualifizierende Folge ist der Tod eines Menschen regelmäßig also Tod des Raubopfers – Tod eines Beteiligten (§ 25 ff. StGB) genügt nicht - Tod eines Unbeteiligten genügt aber –

Gefahrverwirklichungszusammenhang setzt voraus, dass sich im Todeserfolg die spezifische Gefahr des Raubes widerspiegelt

subjektiv muss der Täter wenigstens leichtfertig gehandelt haben – Leichtfertigkeit muss sich auf den konkreten Todeserfolg beziehen –

2. Sonstiges

Versuch in zwei Varianten möglich:
- Versuch des Grunddelikts bei Eintritt der schweren Folge (sog. erfolgsqualifizierter Versuch) – bei Rücktritt vom Raub, dann ggf. nur Bestrafung gem. §§ 222, 227 StGB
- daneben aber auch versuchte Erfolgsqualifikation möglich, wenn schwere Folge vom Vorsatz erfasst war, aber ausgeblieben ist

bei mehreren Tatbeteiligten Problematik des Exzesses

Konkurrenzen: lex specialis zu §§ 222, 227 StGB – ggf. Tateinheit zu §§ 211, 212 StGB

V. Der räuberische Diebstahl, § 252 StGB

1. Grundstruktur – Wesen

Ähnlichkeiten und Unterschiede zu § 249 StGB – Bedeutung der Gleichbehandlung: psychologische Ähnlichkeiten, Ausgleich von Zufälligkeiten, Beweisprobleme

2. Tatbestand

a) Vortat

grds. Diebstahl – auch Raub?

Verwirklichungsgrad: grds. Vollendung bis Tatfrische

b) Betreffen auf frischer Tat

Tatfrische → verschiedene Auffassungen:
- Fehlen gesicherter Beute
- Fortbestehen der Tatsituation
- räumliche und zeitliche Nähe zum Tatort

Betreffen- sicher ausreichend: tatsächliche Wahrnehmung des Täters – nach Rspr. genügt darüber hinaus jedes raum-zeitliche Zusammentreffen mit einem Dritten

c) Nötigungsmittel

Nötigungsmittel entsprechen denen des Raubes

d) subjektiver Tatbestand

Vorsatz und Beuteerhaltungsabsicht

3. Sonstiges

Schuss auf einen Komplizen, den der Täter irrtümlich für einen Verfolger hält? – soll nach hM für eine Vollendung von § 252 StGB ausreichen – aA: nur Versuch

Täterschaft und Teilnahme

Verweisung „gleich einem Räuber" betrifft auch §§ 250, 251 StGB

Konkurrenz zu §§ 253, 255 in Form der Sicherungserpressung? – Rspr. hält Tateinheit für möglich – Literatur lehnt diese Konkurrenzlösung ab und befürwortet eine Tatbestandslösung

VI. Der räuberische Angriff auf Kraftfahrer, § 316 a StGB

1. Deliktsstruktur

Tätigkeitsdelikt an der Nahtstelle zwischen Vermögens- und den Verkehrsdelikten – Mindeststrafdrohung von 5 Jahren gebietet grds. enge Auslegung des Tatbestandes – eingeführt durch das sog. Autofallengesetz aus dem Jahr 1938 – durch 6. StrRG teilweise entschärft

2. Tatbestand

Verüben eines Angriffs – Angriff = Einwirken in feindseliger Gesinnung – Angreifer kann jeder Außenstehende, aber auch der Fahrer oder ein Mitfahrer sein –

Ausnutzen der besonderen Verhältnisse des Straßenverkehrs – Ausnutzen einer sich aus dem fließenden Straßenverkehr ergebenden und ihm eigentümlichen Gefahrenlage – vorübergehender Halt auf einer noch fortdauernden Fahrt genügt seit BGHSt 49, 8 nicht mehr (anders also noch z.T. die frühere Rspr.) – Angriff vor Beginn einer Fahrt genügt nur, wenn dieser Angriff unmittelbar vor der Fahrt stattfindet (BGHSt 52, 44, 47)

subjektiv genügt zunächst dolus eventualis bez. obj. Tatbestand – darüber hinaus Absicht bez. der Begehung eines Raubes, eines räuberischen Diebstahls oder einer räuberischen Erpressung

3. Sonstiges

§ 316a Abs. 2 StGB: minder schwerer Fall

§ 316a Abs. 3 StGB Erfolgsqualifikation, die strukturell § 251 StGB entspricht

VII. Die Erpressung, § 253 StGB

1. Allgemeines und Deliktsstruktur

Erpressung ist ein vermögensschädigendes Freiheitsdelikt – Vorschrift schützt das Vermögen und die persönliche Freiheit – Ausgestaltung zunächst als Unternehmensdelikt – später dann Aufnahme des Vermögensnachteils in den objektiven Tatbestand

2. Verhältnis zu § 249 StGB

Übereinstimmung von § 249 StGB und § 253 StGB hinsichtlich der Nötigungsmittel – Überschneidung auch hinsichtlich Zueignungs- und Bereicherungsabsicht – im Einzelnen sind folgende drei Fälle auseinander zu halten.

a) unproblematisch: Täter erstrebt unrechtmäßige Bereicherung, die nicht in einer Zueignung besteht

→ § 249 entfällt, allenfalls § 253 StGB

b) unproblematisch: Zueignung erstrebt, Nötigungsmittel unterhalb der Schwelle des § 249 StGB

→ allenfalls § 253 StGB (je nachdem ob für § 253 StGB eine Vermögensverfügung verlangt wird)

c) problematisch: Zueignungs- und Bereicherungsabsicht und Nötigungsmittel iSv § 249 StGB

- Lit: entscheidend, ob Opfer Vermögensverfügung vornimmt
- Rspr: § 253 StGB als Grundtatbestand und § 249 StGB als lex specialis – Abgrenzung nach dem äußeren Erscheinungsbild (BGHSt 7, 252)

3. Tatbestand

a) Tathandlung

Nötigung – Vergleich mit § 240 StGB – Unterschied zu § 249 StGB?

b) Abgenötigtes Opferverhalten

Handeln, Dulden oder Unterlassen, das zu einem Vermögensnachteil führt – Verhalten muss auf der Nötigung beruhen – insoweit Personenidentität erforderlich – im Übrigen Voraussetzungen umstritten:
- Rspr: jedes vermögensbeeinträchtigende Verhalten ausreichend
- Literatur: Verhalten muss als Vermögensverfügung verstanden werden können

c) Vermögensnachteil

Vermögensnachteil = grds. Ähnlichkeit mit dem Begriff des Vermögensschadens beim Betrug (zu Einzelheiten siehe unten § 14 B. V.) – aber grds. stärkere Bedeutung subjektiver Zwecksetzungen – Genötigter und Geschädigter müssen nicht identisch sein

d) Subjektiver Tatbestand

Vorsatz in Form von bedingtem Vorsatz

Absicht, sich oder einen Dritten zu bereichern – Stoffgleichheit von Vermögensnachteil und Bereicherung erforderlich

Rechtswidrigkeit der Bereicherung

e) Rechtswidrigkeit

Parallele zu § 240 StGB – Rechtswidrigkeit aber in aller Regel gegeben

VIII. Die räuberische Erpressung, § 255 StGB

1. Grund der Qualifikation

Vergleichbarkeit mit § 249 StGB als Grund der Qualifikation – Maßgeblichkeit auch der §§ 250, 251 StGB

2. Tatbestandsaufbau

Voraussetzungen des § 253 StGB – aber Einengung der Nötigungsmittel auf die Gewalt gegen eine Person und eine qualifizierte Drohung

§ 14 Kurzer Überblick über den 22. Abschnitt:

I. Rechtsgut:

Vermögen: Summe der geldwerten Güter einer Person – engerer Schutzbereich: Eigentumsdelikte, insbes. §§ 242, 303 – weitere Vermögensdelikte: z.B. Erpressung, Unfallflucht, Konkursdelikte

II. Kerntatbestände:

Betrug, § 263, Untreue, § 266 – Erfolgsdelikte: tatbestandliche Voraussetzung: Vermögensschaden

1. Betrug, § 263 schützt gegen Selbstschädigung aufgrund eines täuschungsbedingten Irrtums – welche Merkmale: später
2. Untreue, § 266, schützt gegen Fremdschädigung des Vermögens durch jmdn., der eine Vermögensbetreuungspflicht vorsätzlich falsch erfüllt hat

III. Betrugsähnliche TB: Computerbetrug gem. § 263a StGB und Erschleichen von Leistungen gem. § 265a StGB

Betrugsähnlich sind die Tatbestände, weil die für § 263 StGB typische Kommunikation fehlt und zwar:

1. entweder, weil Datenverarbeitungsmaschinen missbraucht werden: § 263a, Computerbetrug = Selbstschädigung des Vermögens dadurch, dass Opfer einen Computer einsetzt, und dieser aufgrund einer Täuschung verfügt - § 3263 Abs. 3 u. 4 beruhen auf EG-Richtlinie (Strafbarkeit von Vorbereitungshandlungen und tätige Reue) – zentrales Problem bei § 263a StGB: Tathandlung muss computerspezifisch formuliert werden – bedeutendste Variante: unbefugte Verwendung von Daten – aber Auslegung str.:
   - tvA: Maßgeblichkeit des Willens des Berechtigten
   - aA: jede Datenverwendung, der eine vertragliche Grundlage fehlt
   - aA: computerspezifische Auslegung, wonach sich der entgegenstehende Wille des Berechtigten in der Gestaltung des Computerprogramms niedergeschlagen haben muss
   - hM: täuschungsäquivalente Auslegung, wonach Datenverwendung im Fall ihrer Vornahme gegenüber einer natürlichen Person einer Täuschung darstellen müsste

2. oder, weil keine Kommunikation stattfindet: Leistungserschleichung gem. § 265a z.B. bei Straßenbahnen

IV. Vermögensgefährdungsdelikte der §§ 264, 264a, 265b StGB

Subventionsbetrug gem. § 264, Kapitalanlagebetrug gem. § 264a und Kreditbetrug gem. § 265b StGB sind abstrakte Gefährdungsdelikte – in der Folge wird gerade Schaden vorausgesetzt, sondern die Strafbarkeit schon mit der Vermögensgefährdung begründet - Hintergrund der Tat ist, dass ein Schaden oft schwer nachweisbar ist und kriminalpolitische eine Vorfeldstrafbarkeit normiert werden sollte

V. Versicherungsmissbrauch gem. § 265

Schon im Vorfeld wird das Vermögen von Versicherungen gegen Betrug geschützt, indem bereits die Beschädigung versicherter Sachen in betrügerischer Absicht unter Strafe gestellt wird – das strafbare Verhalten geht damit auch dem unmittelbaren Ansetzen zum Versucht des Betruges einer Versicherung gem. § 263 StGB voraus – trotz der erheblichen Vorverlagerung ist nach hM (str.) eine tätige Reue z.B. analog § 264 Abs. 5 nicht möglich – eine zur Sachbeschädigung besteht idR konkurrenzrechtlich Tateinheit

VI. Sportwettbetrug gem. § 265c und Manipulation von berufssportlichen Wettbewerben gem. § 265d

eingeführt wurden die Tatbestände durch das 51. StÄG vom 11.4.2017 (vgl. BT-Drs. 18/8831) – geschützt werden soll die Lauterkeit des Sports – strukturell werden Korruptionshandlungen (ähnlich §§ 299, 331 StGB) im Sport unter Strafe gestellt – die gesetzgeberische Einordnung bei den Betrugstatbeständen ist daher dogmatisch zweifelhaft – praktisch haben die Tatbestände kaum Bedeutung

§ 265e normiert besonders schwere Fälle zu § 265c und § 265d

VII. Vorenthalten und Veruntreuen von Arbeitsentgelt gem. § 266a sowie Missbrauch von Scheck- und Kreditkarten gem. 266b

In beiden Fällen muss keine Vermögensbetreuungspflicht geprüft werden (anders als bei § 266)

§ 266a StGB ist ein praktisch wichtiger Tatbestand zum Schutz des Sozialversicherungssystems – in de Klausuren spielt der Tatbestand aber praktisch keine Rolle

relevant eher § 266b – wichtig sind hier zivilrechtliche Vorfragen zur Konstruktion der konkreten Zahlungsabwicklung – insbesondere zu unterscheiden sind echte Scheckkarten mit Garantiezusagen einerseits und Kreditkarte mit einem 3-Partner-System (z.B. Mastercard, VISA) anderseits – Scheckkarten im echten Sinn sind praktisch unbedeutend – auch die moderne EC-Karte enthält aber bei Bargeldabhebungen an Automaten fremder Geldinstitute eine Garantiefunktion (BGHSt 47, 160, 164)

Prof. Dr. Mansdörfer   Strafrecht Besonderer Teil

§ 15 Betrug

I. Rechtsgut, Aufbau, Kriminologie

Rechtsgut: Vermögen - nicht jedes unvorteilhafte Geschäft strafrechtlich geschützt, aber gegen Angriffsrichtung: täuschungsbedingter Irrtum unter den folgenden Voraussetzungen – Gesetzeswortlaut reichlich verfehlt (zB Vorspiegelung falscher Tatsachen), daher:

Aufbau § 263:
Abs. 1: Grunddelikt – Abs. 3: Regelbeispiele – Abs. 4: Qualifikation mit Milderungsmöglichkeit: Bandenbetrug – Abs. 6/7 Rechtsfolgen

Zunächst im Überblick:

I. PRÜFUNGSSCHEMA

Der Gesetzeswortlaut hat mit dem mittlerweile ganz herrschenden Aufbau der Betrugsprüfung kaum etwas gemein – Prüfung des § 263 StGB und Tatbestandsmerkmale sind nach einhelliger Auffassung wie folgt angeordnet:
1. objektiver Tatbestand
   a) Täuschung über Tatsachen
   b) dadurch Irrtum erregt oder unterhalten
   c) deshalb Vermögensverfügung
   d) dadurch Vermögensschaden
      jeweils Kausalität zwischen den Merkmalen
2. subjektiver Tatbestand
   a) Vorsatz
   b) Absicht rechtswidriger, stoffgleicher Bereicherung
3. RW, Schuld

II. Der Betrug im Einzelnen

1. Tathandlung: Täuschung über Tatsachen

a) Tatsachen: Ereignisse der Gegenwart oder Vergangenheit, die dem Beweis zugänglich sind (nicht: zukünftige Ereignisse) - äußere und innere Tatsachen (Zahlungsbereitschaft) - Ausschluss von Werturteilen (Grenze fließend) – bestes Waschmittel der Welt – besondere Problematik von Prognosen

b) Täuschung: Intellektuelle Einwirkung auf das Vorstellungsbild eines anderen durch – unterschieden werden:
- aa) ausdrückliche Täuschung
- bb) konkludente Täuschung
  - früher: Verhalten mit einem bestimmten Erklärungswert
  - moderner: - Erklärungswert nach der Verkehrsauffassung oder
    - Fiktion: ob der Adressat sich in der konkreten Situation auf das Vorliegen der relevanten Tatsache darf verlassen können)
    - zum Teil auch: Abnahme eines Orientierungsrisikos

cc) Täuschung durch Unterlassen

Täuschung durch Unterlassen grds. möglich aber praktisch sehr selten- Hintergrund
- Betrug als unechtes Unterlassungsdelikt
- Garantenstellung, wenn dem Getäuschten ein besonderes Orientierungsrisiko abgenommen werden soll – Beispiele:
  - Aufklärungspflicht nach Sozialgesetzbuch
  - Vertrag, besonderes Vertrauensverhältnis
  - pflichtwidrig gefährdendes Vorverhalten
  - Treu und Glauben (str.)
- Modalitätenäquivalenz

dd) Sonderfall Schweigen: Dieses ist nur eine Täuschung, wenn es ein konkludentes Täuschen oder ein Unterlassen darstellt

2. Irrtum und Irrtumserregung

a) Irrtum: positive Fehlvorstellung des Täters über Tatsachen – wird zunehmend verdünnt: ausreichend auch Rand- oder Mitbewusstsein und Allgemeinvorstellung von Mängelfreiheit – Überzeugungsgrad: keine volle Überzeugung, auch Zweifel sind ausreichend (aA. sog. viktimodogmatischer Ansatz in der Literatur – Hintergrund: Eigenverantwortlichkeit des Opfers – Stellungnahme: Erwägungen insgesamt angemessener im Rahmen der Strafzumessung zu behandeln)

b) Erregen des Irrtums: Verursachen oder Mitverursachen genügt – ebenso ausreichend ist das Unterhalten eines Irrtums durch das Festigen oder Steigern der Fehlvorstellung - bloßes Ausnutzen eines bestehenden Irrtums nicht ausreichend – zielgerichtetes, auf Verdeckung der Wahrheit gerichtetes Handeln notwendig

Beispiel: Wechselgeldfall (Verhalten beinhaltet keine Erklärung)

c) Ausschluss eines Irrtums durch Wissenszurechnung?
Insbesondere bei Täuschung von Unternehmen und Behörden (Bsp. *Rengier* in FS Roxin, S. 811, 823) – Hintergrund auch hier: Viktimodogmatik

3. Vermögensverfügung

a) Funktion und Begriffsbestimmung

Bindeglied zwischen Irrtum und Vermögensschaden – zugleich Abgrenzungskriterium zum Diebstahl

Verfügung iSd. § 263 StGB = jedes Handeln, Dulden oder Unterlassen, das unmittelbar zu einer Vermögensminderung führt – keine Identität mit einer Verfügung im Sinne des BGB! (zum zivilrechtlichen Begriff etwa *Schreiber* Jura 2010, 599)

b) Irrtumsbedingtheit der Verfügung

Personenidentität zwischen Irrendem und Verfügenden notwendig – führt zur Problematik des sog. Dreiecksbetrugs (näher dazu unten C. die Falllösung) – Personenidentität zwischen dem Getäuschten und dem Geschädigten ist dagegen nicht erforderlich

4. Vermögensschaden

a) Vermögen

Begriff des Vermögens ist bis heute umstritten – im Wesentlichen lassen sich vier Vermögensbegriff unterscheiden:

- *rein juristischer Vermögensbegriff*: Vermögen = Summe aller Vermögensrechte einer Person unabhängig von ihrer wirtschaftlichen Werthaltigkeit – Kritik – heute nicht mehr vertreten
- *wirtschaftlicher Vermögensbegriff*: Vermögen = Summer aller geldwerten Güter einer Person unter Abzug der Verbindlichkeiten () – Ansatzpunkt der Rechtsprechung
- *juristisch-ökonomische Vermögensbegriff*: Vermögen = Summe aller geldwerten Güter einer Person, die von der Rechtsordnung akzeptiert sind (hL)
- *sog. normativer oder integrierter Vermögensbegriff*: insbesondere in der neueren Literatur zunehmend vertretene Ansicht – Vermögen als wirtschaftlich werthaltige und normativ schutzwürdige Vermögenspositionen
- eigene Auffassung: normativer Vermögensbegriff weist auf den richtigen Hintergrund, dass Verfügungsrechte einer Person wesentlich von der Rechtsordnung konstituiert werden – normativer Bezug zur Eigentumsordnung einer Gesellschaft und ihren entsprechenden Institutionen muss immer mitbedacht werden (sog. *institutionentheoretischer Vermögensbegriff*)

Einzelfälle: Dirnenlohn – Schutz von Geld, das zum Kauf von Drogen eingesetzt werden soll – nicht beweisbare Forderung als Vermögen

b) Schaden

aa) Vermögensschaden = jede Minderung des Vermögens nach der Verfügung im Vergleich zur Vermögenslage vor der Verfügung – also: Saldierung der Vermögenssituationen – Berücksichtigung kompensierender Leistungen? – Inhalt des sog. Kompensationsprinzips –

Beispiel: erkauftes Wohlverhalten eines Betriebsrats als Schadenskompensation?

bb) Sonderprobleme bei der Schadensermittlung:
- Zweckverfehlungslehre - Spendenbetrug
- subjektiver oder individueller Schadenseinschlag - Melkmaschinenfall
- Erwerb gestohlener Gegenstände – Makeltheorie? Prozessrisiko als Schaden? andere Begründung?
- Anstellungsbetrug
- Bedeutung von Zusicherungen, Bsp. Kilometerstand eines PKW?

cc) Sonderproblem: Die schadensgleiche Vermögensgefährdung
- hM erkennt auch eine konkrete bzw. schadensgleiche Vermögensgefährdung als Schaden an – dazu muss aus bereits feststehenden Tatsachen eine Verschlechterung der gegenwärtigen Vermögenslage feststellen lassen – Bsp. Kreditbetrug
- Problem: Akzeptanz dieser Rechtsfigur führt zur Vorverlagerung der Vollendungsstrafbarkeit (besonders fragwürdig bei § 266 StGB wegen dort fehlender Versuchsstrafbarkeit) – Rechtspraxis versucht durch die Annahme einer schadensgleichen Vermögensgefährdung häufig die konkrete Schadensberechnung zu umgehen
- Nach Auffassung des BVerfGE 126, 170 ist Vermögensgefährdung nur noch in Form eines echten Vermögensschadens unter Anwendung bilanzrechtlicher Bewertungsgrundsätze anzunehmen – Rechtsfigur wurde damit weitgehend zurückgenommen.

5. Der subjektive Tatbestand

Vorsatz in Bezug auf die Merkmale des objektiven Tatbestandes

Absicht, sich oder einen Dritten rechtswidrig zu bereichern – Inhalt der Bereicherungsabsicht: Absicht im technischen Sinn und sichere sowie nicht unerwünschte Nebenfolgen – Erfordernis der Stoffgleichheit (BGHSt 21, 384 – Provisionsvertreterfall) –

Rechtswidrigkeit der Bereicherung – Ausschluss bestimmter Fallkonstellationen – Beispiele

6. Strafbarkeit – Verfolgbarkeit

a) Betrug als mitbestrafte Nachtat

b) Versuch – strafbar gem. § 263 Abs. 2 StGB

c) Besonders schwerer Fall, § 263 Abs. 3, 5 StGB

d) Strafantragserfordernis in den Fällen des § 263 Abs. 4 StGB

III. Vertiefung: insbesondere die Abgrenzung von Diebstahl und Betrug

In der Klausur müssen Diebstahl und Betrug öfters gegenseitig abgegrenzt werden – Verdeutlichung der Problematik und ihrer Behandlung anhand von Fällen:

Fall 1 (nach BGHSt 18, 221):
Der recht junge F hatte mit der reichen Witwe S zusammengelebt. Eines Tages kam es – wohl aufgrund der zahlreichen Affären des F - dennoch zum Zerwürfnis, woraufhin F auch finanziell wieder auf sich allein gestellt schien. Um die Trennung emotional leichter verkraften zu können, holte sich F aus der nahegelegenen Großgarage den Porsche der S. Dieses gelang ihm völlig problemlos. Dem Garagenwächter war er als ständiger Begleiter der

> S bekannt, und er hatte den Wagen mit deren Zustimmung schon öfter allein geholt. So hatte der Wächter keine Bedenken, dem F den in der Garage für alle Fälle hinterlegten Zweitschlüssel auszuhändigen und ihn wie in früheren Fällen mit dem Porsche wegfahren zu lassen. F wird einige Wochen später gefasst und wegen Betrugs angeklagt. Mit Recht?

In Betracht kommende Delikte
- § 263 hinsichtlich Schlüssel - § 263 hinsichtlich Auto (Besitz, Gebrauch, Wert): aber wirklich Überlassung durch Verfügung? Unmittelbarkeit der Vermögensminderung?
- § 242 hinsichtlich Schlüssel: Diebstahl in mittelbarer Täterschaft (Bruch des Gewahrsams der S) - entfiele bei Rückgabewillen - hier keine Anhaltspunkte dafür - aber Bruch fremden Gewahrsams, wenn Wächter (als Gewahrsamshüter) den Schlüssel gibt?
- § 242 hinsichtlich Auto? - aber: Bruch des Gewahrsams, wenn Wächter (irrtumsbedingt) Wagen herausgibt (bzw. S fahren lässt)?

1. *§ 263*
    a) *objektiver Tatbestand*
        aa) Täuschung: ausdrücklich oder konkludent (sei nach wie vor berechtigt: Zustimmung der Sauer) - Irrtum des W
        bb) *Verfügung*:
            (1) Verfügung des W in Gestalt der Herausgabe des Schlüssels und des Wagens – wäre unproblematisch bei eigenen Sachen: jedes Verhalten mit unmittelbarer Auswirkung auf eigenen Vermögensbestand
            (2) hier aber: betroffen ist Vermögen der S - in Gestalt des Schlüsselbesitzes bzw. übergeordneten Gewahrsams und des übergeordneten Gewahrsams am Auto
            (3) Problem: auch bei dieser Sachlage Betrug?
                (3.1) Auseinanderfallen von Verfügendem und Geschädigtem steht § 263 nicht von vornherein entgegen
                (3.2) freilich § 263 nicht in allen Fällen der Verfügung eines (getäuschten) anderen als des Geschädigten gegeben - sondern nur, wenn bestimmte Voraussetzungen im Verhältnis Verfügender/Geschädigter erfüllt sind
            (4) welche Voraussetzungen sind das im Einzelnen? – das ist umstritten
                (4.1) **sog. Befugnistheorie:** notwendig ist Ermächtigung des Verfügenden zu entsprechender Verfügung - sodass Verhalten dem Geschädigten wie Selbstschädigung zurechenbar ist - also insbesondere rechtsgeschäftliche oder gesetzliche Befugnis - hier Tatfrage: aber denkbar in Gestalt einer Duldungsvollmacht - anders: wenn die S dem Wächter das untersagt haben sollte!
                (4.2) **Lagertheorie:** ausreichend: Verfügender muss (bei Sachen) den Gewahrsam an diesen haben oder Gewahrsamshüter sein (so BGH aaO.) - wäre der Fall: Gewahrsamshüter - z.B. auch bei geliehenen Sachen, die von Dritten abgeschwindelt werden (mit dem Hinweis auf angebliche Einwilligung des Eigentümers) – auch „Lagertheorie" genannt
            (5) Diskussion - Entscheidungskriterien

(5.1) bei Akzentuierung des Betrugs als Selbstschädigungsdelikt liegt es nahe, nur solche Verfügungen gelten zu lassen, die man sich wie eigene als Selbstschädigung zurechnen lassen muss - führt zu Befugnistheorie

(5.2) anders bei Akzentuierung des Schutzes (und der Schutzbedürftigkeit) des Vermögensinhabers gegen gewisse Gefährdungen seines Vermögens vor den Folgen von Täuschungen
- der eigenen Person
- solcher Personen, die für den Vermögensinhaber da sind, überlassene Vermögensgegenstände für ihn bewahren usw.: Schutzbedürfnis vor Täuschung dieser Personen, die über Verfügungen dieser Personen zu Verlusten des Vermögensinhabers führen (z.B. wenn diesen Personen Einwilligung nur vorgespiegelt wird)

(6) Vorzugswürdig: weitere Auffassung (so auch **BGH** aaO.)
(6.1) schon Prozessbetrug fällt im Grunde aus Konzept der Quasi-Selbstschädigung heraus – handelt sich insoweit nicht um zurechenbare Selbstschädigung - sondern geht um Schutz vor der Täuschung von Personen, die Macht über Vermögen anderer haben (sodass dies durch Täuschung dieser Personen ausgenutzt werden kann)

(6.2) davon abgesehen aber auch Unzulänglichkeit des Schutzes vor Täuschungen Dritter bei Ablehnung von § 263 – denn der dann allein in Betracht kommende Diebstahl in mittelbarer Täterschaft greift z.B. nicht bei Abschwindeln wertvoller *Gebrauchsvorteile* - § 263 gibt hier bessere Möglichkeiten

(6.3) freilich Grenze: schutzbedürftig nur, soweit man Vermögen in die Hand bestimmter Personen gelegt hat (gegeben bei Überlassung des Gewahrsams, Gewahrsamshüterschaft des Getäuschten) - anders, wenn z.B. Finder getäuscht wird: insoweit kein § 263 gegenüber Eigentümer

⇨ Fazit: hier ausreichende Verfügung hinsichtlich Schlüssel und Auto; denn W ist ersichtlich Gewahrsamshüter für S

cc) Schaden (durch Verfügung): Verlust = endgültige Verschaffung des Wagens

b) subjektiver Tatbestand: Vorsatz - Absicht, sich durch Täuschung rechtswidrigen Vermögensvorteil zu verschaffen - korrespondierend der Verfügung und dem Schaden

---

Fall 2 (nach BGH GA 1966, 212; siehe dazu auch BGH bei *Holtz*, MDR 1987, 446):
Der Angekl. hatte im Bahnhof dem Zeugen (Z) wahrheitswidrig erklärt, dieser dürfe sich nicht mit seinem Gepäck im Wartesaal aufhalten. Er müsse vielmehr seine beiden Koffer aufgeben. Daraufhin gingen beide zu den in der Nähe befindlichen Schließfächern. Dort brachte der Angekl. die Koffer in den Schließfächern 692 und 702 unter. Er hatte früher in dem Schließfach 702 eine Jacke verwahrt und diese nicht wieder abgeholt. Den Schlüssel zu

> dem Fach, dessen Schloss später nach Ablauf der Mietzeit ausgewechselt worden war, hatte er noch in Besitz. Ihn gab er dem Zeugen, während er den nunmehr passenden Schlüssel selbst behielt. Nachdem beide wieder in den Wartesaal zurückgekehrt waren, entfernte sich der Angekl. von dem Zeugen. Er öffnete mit dem passenden Schlüssel das Fach 702 und entwendete den Koffer mit Inhalt.

In Betracht kommende Delikte: § 242 - § 263
In der Klausur: Beginn mit § 242 (manche Merkmale des § 263 sehr umstritten; oft auch nur Abgrenzungsmerkmale)

A. *§ 242: Diebstahl*
   I. *objektiver Tatbestand*:
   1. Fremde bewegliche Sache unproblematisch –
   2. aber: **Wegnahme**? - Bruch fremden, Begründung neuen Gewahrsams-
   könnte Gewahrsam gebrochen haben, indem er den Koffer aus dem Schließfach genommen hat

   a) **Bestehender Gewahrsam**? chronologische Prüfung
      aa) Ursprünglich hatte Z Gewahrsam inne
      bb) verloren durch **Tragen** lassen - Aushändigung des Koffers - nur Tragedienst! - nach sozialer Auffassung sollte A dadurch nicht Gewahrsam erlangen - klar, wenn Z dann auch die richtigen Schlüssel bekommen hätte.
      cc) **Schlüsselmanipulation**: dadurch Gewahrsamserlangung des A? - aber selbst wenn: damit hätte Z den Gewahrsam am Koffer ebenfalls ohne seinen Willen verloren (denn er hätte dann ja gar nicht vom Gewahrsamsverlust gewusst) - darüber hinaus hat Z aber auch nach der Schlüsselmanipulation durch A noch Einwirkungsmöglichkeit (z.B. über Bahnpersonal usw.) und will sie auch generell behalten - aber auch nach wie vor soziale Zuschreibung: man denke etwa an ähnliche Manipulation mit Wohnungsschlüsseln
   ⇨ Z hatte weiterhin Gewahrsam (allenfalls Lockerung im Sinne einer Gefährdung) –

   b) Bruch des Gewahrsams? - Bruch: Gewahrsamsverlust gegen oder ohne den Willen des Gewahrsamsinhabers - eben diesen Gewahrsam hat A ohne Willen des Z aufgehoben ⇨ Wegnahme (+)

   II. *subjektiver Tatbestand*: A hat auch vorsätzlich gehandelt (falls er Gewahrsamsfrage anders beurteilen sollte: unerheblicher Subsumtionsirrtum) - Absicht, sich rechtswidrig zuzueignen (unproblematisch: Sache selbst; kein Anspruch)
   ⇨ § 242 zu bejahen.

2. *§ 263: Betrug*
   [bisweilen argumentiert man hier so: nur entweder Diebstahl oder Betrug! – und da hier schon Diebstahl, kein Betrug – diese „Lösung" ist indessen problematisch: es bedarf der Begründung, welche konkreten Merkmale beim Betrug fehlen!]
   objektiver Tatbestand - Täuschung: Manipulation mit Schlüssel (konkludente Täuschung) - korrespondierender Irrtum: Z denkt, er habe den richtigen Schlüssel erhalten - Verfügung: Koffer, Schlüssel (zwei Ansatzpunkte):

a) Überlassung des Koffers (= Handeln, dessentwegen kommt es letztlich auch zu Änderung im Vermögensbestand)
   aa) aber: schon allein dadurch Vermögensminderung? – bedarf für Verlust des Koffers doch weiteren Handelns des A, und zwar deliktischen Handelns – h.M.: fehlt damit an Unmittelbarkeit der Vermögenseinwirkung durch Verfügung - weiteres deliktisches Handeln in Form eines Diebstahls notwendig ⇨ insoweit kein § 263

   [**Hintergrund des Unmittelbarkeitserfordernisses**: hier kann der Schutz diesen anderen Tatbeständen überlassen bleiben; Schutz durch § 263 unnötig - außerdem: Vermeidung einer zu weiten Vorverlagerung der Strafbarkeit (von der es bei Annahme der Vollendung auch keinen Rücktritt mehr gäbe)]

   bb) aber doch immerhin schon Gefährdung durch eigenes Handeln (und für Schaden i.S.d. § 263 reicht doch Gefährdung) - nur: die „lebt" aus dem bösen Willen des A - und gegen dessen Verwirklichung schützt § 242 (sonst auch unter Umständen merkwürdige Konsequenzen - Rücktritt usw.)
   cc) z.T. wird auch argumentiert: es fehle insoweit am Verfügungsbewusstsein; aber problematisch - verlangt man auch sonst nicht (Verfügung durch Unterlassen der Geltendmachung eines Anspruchs, den man gar nicht kennt = der einem verschleiert worden ist)
b) Nichtverlangen des richtigen Schlüssels (obwohl Z gar nicht das Gefühl hat, dass da etwas nicht stimmen könnte) - auch Unterlassen ist Verfügung!
   aa) aber Schaden dadurch? - nein! erst noch weiteres deliktisches Handeln notwendig - d.h. es fehlt auch insoweit an Unmittelbarkeit
   bb) Gefährdung als unmittelbare Vermögensminderung? - „lebt" aus böser Absicht - gegen deren Verwirklichung schützt § 242 (s. oben a, bb)
   ⇨ § 263 entfällt

Anmerkung: Exklusivitätsdogma: In Klausur kann nach der positiven Diebstahlsprüfung § 263 StGB kurz abgelehnt werden („Eine Strafbarkeit nach § 263 scheitert an der Vermögensverfügung.").

3. *Ergänzung: weitere Fallkonstellationen dieser Art*
   a) Im Umfeld der *Trickdiebstahlsfälle* (fehlende Unmittelbarkeit)
      aa) Gasmann-Fall - Trickdiebstahl durch Ablenkung
      bb) Abschwindeln einer Verfälschungsgrundlage (in die man falsche Eintragungen macht)
      cc) Brieftaschenfall (OLG Köln MDR 73, 866; dazu *Bittner*, JuS 1974, 156; *Blei*, JA 1974, 318; siehe ferner OLG Düsseldorf NJW 1990, 923; BGH GA 1987, 307)
      dd) Autowäschefall: BGH VRS 48, 175
      ee) Wechselgeldfalle: *Roxin/Schünemann*, JuS 1969, 372
      weitere Nachw. bei *Wessels/Hillenkamp*, BT 2 Rn 622 ff.
   b) Problemkonstellation: Fälle der *vorgetäuschten Beschlagnahme* durch angebliche Kriminalbeamte
      aa) § 242

Wegnahme, da der Gewahrsam ohne freien inneren Willensentschluss verloren geht (selbst wenn man naturalistisch herausgeben sollte: man beugt sich hier nur dem sonst [nach der Vorstellung] drohenden Zwang)
BGH NJW 1952, 796; 1953, 73; *Wessels/Hillenkamp*, BT 2 Rn 627 ff. m.w.N.
    bb) § 263?
- Täuschung - Irrtum - Verfügung - Schaden – hier auch Unmittelbarkeitserfordernis erfüllt
  - anders, wenn man *Freiwilligkeit als Verfügungsmerkmal* postuliert - aber das ist problematisch - in Wahrheit wohl Begrifflichkeit des Betrugs erfüllt - nur: nach h.M. Bestrafung allein aus Diebstahl, wenn diese verfügbar ist – und, da für Diebstahl Verlust ohne (freien) Willen charakteristisch ist, ist dieser Fall damit zugleich aus § 263 (bei Verfügbarkeit des Diebstahls) ausgesondert - bloßes Abgrenzungsmerkmal (wobei nochmals weitere Sachfrage, ob Exklusivität wirklich richtig ist; siehe dazu z.B. *Miehe*, Unbewusste Verfügungen 1987, S. 101 ff.)

Fall 3: (sog. Winkelschleiferfall; OLG Düsseldorf NJW 1988, 922 ff.)
A wollte im Baumarkt O einen Winkelschleifer erstehen. Um für das nötige Zubehör nicht unnötiges Geld ausgeben zu müssen, legte er in den Pappkarton mit der Maschine einige weitere kleine Zubehörteile hinein. An der Kasse zahlte er nur für den Winkelschleifer. Die Kassiererin hatte, wie geplant, nicht in die Schachtel geschaut, sondern einfach den Preis für das Gerät geltend gemacht.

I.   § 242
1. OTB
   a) fbS (+) Zubehör
   b) Wegnahme: Bruch fremden, Begründung neuen Gewahrsams
      aa) Bestehen Gewahrsam: Ursprünglich bestand genereller Gewahrsam des Ladenleiters
      bb) Bruch? – Teile in Pappkarton? - (-), immer noch Gewahrsam in SBLaden (anders, wenn eingesteckt o.ä.) – Kasse? Gewahrsamswechsel, aber Bruch? Verfügung über gesamten Inhalt – Verfügungsbewusstsein? nötig bei Sachbetrug (wie hier) – besteht für den gesamten Karton und seinen Inhalt – nicht nötig, dass jedes einzelne Teil umfasst
2. demnach kein Gewahrsamsbruch, keine Wegnahme, kein OTB kein Diebstahl

II.   § 263
1. Objektiver Tatbestand
   a) Täuschung: konkludente Erklärung, in dem Karton befände sich nur das Gerät, ohne zusätzlich zu bezahlende Gegenstände
   b) hierdurch Irrtum: entsprechendes sachgedankliches Mitbewusstsein (sogar positive Fehlvorstellung, Argument: Preisberechnung)
   c) hierdurch Vermögensverfügung: Gestatten, den Karton mitzunehmen wahlweise ihm den Karton gegeben: Übertragung der Verfügungsgewalt auf den A
   d) hierdurch Vermögensschaden: Verfügungsgewalt an Zubehör ohne wirtschaftliches Äquivalent
2. Subj. Tatbestand
   a) Vorsatz
   b) Bereicherungsabsicht – rechtswidrig – stoffgleich (Vorteil/Nachteil)

3. Rechtswidrig und Schuld sind gegeben
4. Ergebnis (+)

§ 16 Die Untreue, § 266 StGB

I. Rechtsgut, kriminalpolitische Bedeutung und Tatbestandsaufbau

1. Rechtsgut des Untreuetatbestands

Rechtsgut ist nach bislang hA ausschließlich das Vermögen – aber in jedem Fall nur Schutz gegen eine bestimmte Angriffsrichtung – konkret: Erleiden eines Vermögensnachteils durch den Fehlgebrauch einer Herrschaft über fremdes Vermögen

Zweifel an der Konzeption der Untreue als Tatbestand allein zum Schutz des Vermögens neuerdings durch Entscheidung BGH NJW 2009, 89 (Fall Siemens): Möglichkeit zur Disposition über das eigene Vermögen als Kern der von § 266 StGB geschützten Rechtsposition

eigene Auffassung: theoretischer Hintergrund: Absicherung von Prinzipal-Agenten-Verhältnissen – insofern Ansatzpunkt der neuen Rechtsprechung richtig – allerdings unklar, ob BGH NJW 2009, 89 bereits eine Abkehr von der bisherigen Auffassung (so etwa *Schlösser* HRRS 2009, 19, 25) – Entwicklung jedenfalls noch nicht abgeschlossen

2. Kriminalpolitische Bedeutung und Verfassungsmäßigkeit der Vorschrift

Vorschrift stammt aus dem Jahr 1933 und löst bis dahin geltende Kasuistik ab – besondere Bedeutung heute insbesondere im Wirtschaftsstrafrecht – Literatur wirft StA vor, § 266 StGB zu einer Art „Auffangtatbestand" zu Bekämpfung von Wirtschaftskriminalität zu machen (vgl. *Bernsmann* GA 2007, 219)

Literatur hält § 266 StGB wegen der Weite des Tatbestands für nicht hinreichend bestimmt und daher für verfassungswidrig (Bsp. NK-*Dierlamm*, § 266 Rn. 3 ff.) – BVerfG erteilt dem freilich eine deutliche Absage (stellvertretend BVerfG NJW 2009, 2370)

3. Tatbestandsaufbau

Wortlaut des Gesetzes aus dem Jahr 1933 bringt grundlegende Funktion des Tatbestandes nicht hinreichend deutlich zum Ausdruck – Tatbestand bringt zwei Alternativen zum Ausdruck:
- Treubruchstatbestand (§ 266 I Alt. 2 StGB) -
- Missbrauchstatbestand (§ 266 I Alt. 1 StGB) – nach heute hM nur Spezialfall des umfassenderen Treubruchstatbestands (sog. monistische Betrachtungsweise) – Missbrauchstatbestand verdrängt also auf Konkurrenzebene den ebenfalls verwirklichten Treubruchstatbestand
- in der Rechtsprechung wird das Vorliegen des Missbrauchstatbestands freilich aus pragmatischen Gründen auch öfters offengelassen (BGHSt 50, 331, 341 Mannesmann)
- in der Klausur ist es sicherer, nach der Annahme des Missbrauchstatbestands jedenfalls kurz darauf hinzuweisen, dass der ebenfalls erfüllte Treubruchstatbestand ebenfalls erfüllt ist, aber im Wege der Gesetzeskonkurrenz zurücktritt -

- frühere Diskussion, ob Treubruchs- und Missbrauchstatbestand nicht je selbstständige Tatbestände darstellen (sog. dualistische Lehre), ist heute weitgehend obsolet

4. Prüfungsschema:

I. Objektiver Tatbestand
   1. Missbrauchstatbestand
      a) Verfügungs- oder Verpflichtungsbefugnis über fremdes Vermögen
      b) Missbrauch der Befugnis
      c) Verletzung einer Vermögensbetreuungspflicht (hM)
      d) Vermögensnachteil
   2. Treubruchstatbestand
      a) Vermögensbetreuungspflicht
      b) Verletzung der Vermögensbetreuungspflicht
      c) Vermögensnachteil
II. Subjektiver Tatbestand
    dolus eventualis

II. Der Tatbestand im Einzelnen

1. Objektiver Tatbestand

a) Tatbestandsmerkmale

Vermögen = entspricht nach hM dem zum Betrug entwickelten Vermögensbegriff

Verfügungs- oder Verpflichtungsbefugnis = Rechtsmacht, einen anderen wirksam mit Verbindlichkeiten zu belasten – Bsp.: § 1626 BGB, Beamter, der mit dem Kassieren von Beiträgen beauftragt ist, Prokurist, § 48 HGB – Befugnis muss rechtswirksam begründet worden sein

Missbrauch der Befugnis = Überschreiten des rechtlichen Dürfens im Rahmen des rechtlichen Könnens – Geschäft muss wirksam sein – maßgeblich für Innenverhältnis sind die getroffenen Vereinbarungen

Vermögensbetreuungspflicht = als Hauptpflicht ausgestaltete und durch Eigenverantwortlichkeit und Selbstständigkeit geprägte Geschäftsbesorgung durch einen anderen in einer nicht ganz unbedeutenden Angelegenheit – Bsp. für Vermögensbetreuungspflichtige: Architekt gegenüber Bauherrn, Vermögensverwalter, Geschäftsführer einer GmbH, Vorstand eines Vereins – nicht ausreichend: Kellner, normaler Mieter, Käufer, Darlehensnehmer – umstritten ist, ob auch eine Vereinbarung, die sitten- oder gesetzeswidrigen Zwecken dient, eine Vermögensbetreuungspflicht begründen kann:
- hM: Vermögensbetreuungspflicht kann entstehen, da trotz rechtlicher Nichtigkeit faktische Vermögensbetreuungspflichten bestehen bleiben – es gibt kein schlechthin schutzunwürdiges Vermögen

tvA: ein strafrechtlicher Schutz würde dem Prinzip der Einheit der Rechtsordnung widersprechen – überzeugend?

Pflichtverletzung = jedes rechtsgeschäftliche oder tatsächliche Verhalten, das dem durch die Treuepflicht geprägten Aufgabenbereich zuzuordnen ist

Vermögensnachteil = entspricht nach hM im Wesentlichen dem Vermögensschaden beim Betrug (näher dazu *Mansdörfer* JuS 2009, 114 ff.) – Vermögensnachteil kann auch in unterlassener Vermögensmehrung liegen – auch schadensgleiche Vermögensgefährdung ausreichend

b) Problemkonstellationen

Risikogeschäfte – Bsp. Sanierungskredit, erfolglose Werbekampagne, waghalsige Expansion – besonderes Problem bei der Bestimmung der Verletzung der Vermögensbetreuungspflicht – folgende Fälle sind zu unterscheiden:
- Unproblematisch: Risikogeschäft erfolgt mit Einwilligung des Prinzipals oder im Rahmen der vom Prinzipal vorgegebenen Richtlinien
- Problematisch: Risikogeschäft erfolgt ohne Einwilligung des Prinzipals – dann verschiedene Möglichkeiten denkbar
    - Grundsätzliches Verbot von Risikogeschäften? – in der Regel nicht – aber: was gilt dann für ein Maßstab?
    - frühere Rspr (z.B. BGH wistra 1982, 148, GA 1877, 342): Abstellen auf angemessenes Risiko nach dem Verkehrskreis
    - 3. Strafsenat in BGHSt 47, 148, 149: Beschränkung auf „gravierende Pflichtverletzungen"? – Kritik – Zurückweisung dieser Linie durch den 1. Strafsenat in BGHSt 50, 331
    - aktuelle Rspr. (z.B. BGHSt 46, 30, 47, wistra 2010, 21): entscheidend ist, ob Risikogeschäft auf einer angemessen ermittelten Tatsachengrundlage und Chance-Risiko-Abwägung erfolgt (sog. business judgement rule)

Untreue bei Einmann-GmbH (= Untreue des Geschäftsführers gegenüber der allein ihm gehörenden GmbH):
- tvA: Untreue ist nicht möglich, da bei wirtschaftlicher Betrachtung reine Selbstschädigung vorliegt
- tvA und teilw. Rspr: Untreue gegenüber der GmbH, wenn die Handlung nicht mit den Grundsätzen ordnungsgemäßer Geschäftsführung vereinbar
- tvA und neuere Rspr: Untreue dann, wenn Stammkapital der GmbH angegriffen oder Überschuldung herbeigeführt wird

2. Subjektiver Tatbestand

dolus eventualis in Bezug auf alle Merkmale des objektiven Tatbestandes

jüngere Rechtsprechung erwägt hier zum Teil weitere Einschränkung (BGHSt 51, 100 – Fall Kanther): bei objektiv vorliegender bloßer Vermögensgefährdung soll subjektiv Billigung des endgültigen Vermögensschadens vorliegen müssen – damit würde § 266 StGB in Fällen eines

Vermögensschadens in Form einer Vermögensgefährdung zum Delikt mit überschießender Innentendenz – Diskussion durch Einschränkung der Rechtsfigur der Vermögensgefährdung aber wohl im Wesentlichen überholt

III. Sonstiges

Keine Strafbarkeit des Versuchs (!)

§ 266 Abs. 2. Verweis auf Qualifikationstatbestände des § 263 Abs. 3 StGB sowie auf Strafantragserfordernisse etc. der §§ 243 Abs. 2, 247, 248a StGB

§ 17 Nachtatdelikte: Begünstigung, Hehlerei und Geldwäsche, Strafvereitelung u.a.

I. Vorbemerkung und Übersicht

Das StGB kennt sowohl sog. Vortat- als auch sog. Nachtatdelikte.
Vortatdelikte sind z. B. die §§ 138, 139 StGB.
Nachtatdelikte sind z. B. die §§ 257, 258, 259, 261 oft auch in Verbindung mit den §§ 164, 145d StGB. Nach der Tat geht es den Tätern häufig darum, sich aus der Tat erlangte Vorteile zu sichern bzw. der Strafverfolgung zu entgehen. Entsprechend können Nachtatdelikte systematisiert werden.

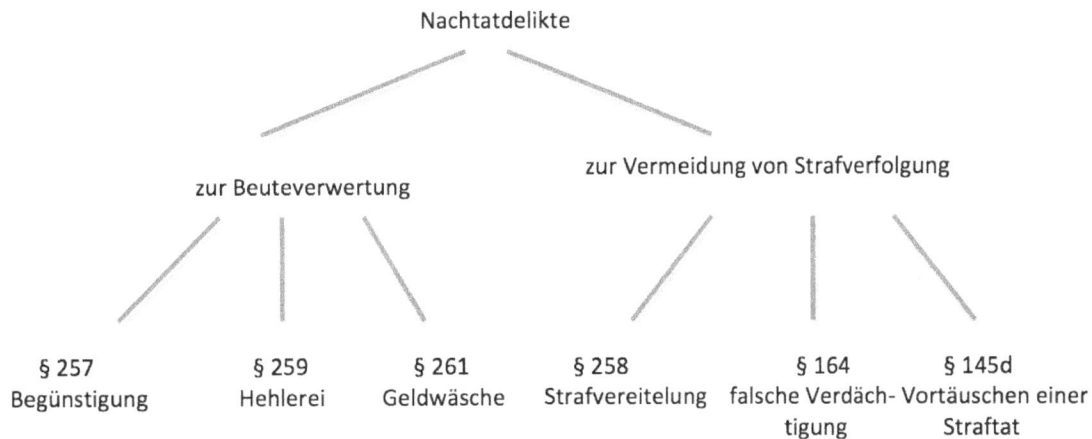

II. Begünstigung, § 257 StGB

1. Allgemeines

Umgestaltet durch das EGStGB vom 02.03.1974: Beseitigung der Zusammenfassung der persönlichen und sachlichen Begünstigung in § 257 a.F. – Gefährdungsdelikt

Schutzgut: kumulativ Individual- und Gemeininteressen – Sicherung der Ansprüche des durch die Vortat Verletzten – Schutz der Rechtspflege – somit keine Einwilligung möglich

2. Tatbestand

Rechtswidrige Tat als Vortat – Tat muss nicht schuldhaft oder verfolgbar sein – keine Beschränkung auf Vermögensdelikte als Vortaten – Vortat muss beendet sein, sonst Beihilfe zur Vortat – Abgrenzung ist str.:
- hM: maßgeblich ist Wille des Helfenden
- tvA: Konkurrenzlösung – Zurücktreten der Begünstigung hinter die Vortatbeteiligung
- hL: zeitliche Abgrenzung – bis Vollendung der Vortat Beihilfe, nach Vollendung der Vortat Begünstigung

Hilfe zur Sicherung der Vorteile aus der Tat - Vorteile sind sowohl Vermögensvorteile als auch jede sonstige Besserstellung des Täters – Vorteile müssen aber unmittelbar aus der Tat

Vortat erlangt sein – Verkaufserlöse sind keine solche Vorteile – etwa weiter bei Austausch von Geld (arg. Wertsummengedanken) – Hilfeleistung erfordert Beitrag, durch den verhindert wird, dass der Vorteil dem Täter wieder entzogen wird – Bsp.: Verstecken, Fluchthilfe, falsche Angaben gegenüber Ermittlungsbehörden, auch Rückveräußerung an den Eigentümer – nicht aber. Reparatur, Sicherung vor Beschädigung etc. da hier bloße Maßnahmen zum Sacherhalt vorliegen – str. ist, ob die Hilfeleistung objektiv zur Vorteilssicherung geeignet sein muss:

- hM: objektive Förderung der Chancen des Vortäters nötig
- mM: Beitrag mit subjektiver Hilfeleistungstendenz ist ausreichend

subjektiv sind Vorsatz bez. der obj. Tatbestandsmerkmale und Absicht, dem Täter die Vorteile der Tat zu sichern notwendig

3. Sonstiges

Abs. 3 StGB: Straflosigkeit der Selbstbegünstigung – Anstiftung eines Unbeteiligten zur täterschaftlichen Begünstigung aber gem. Abs. 3 S. 2 StGB strafbar

Abs. 4 StGB: eingeschränktes Strafantragserfordernis

str. ist, ob wegen des frühen Vollendungszeitpunkts eine tätige Reue möglich sein soll – hM verneint dies indessen

III. Hehlerei und Geldwäsche

Insgesamt geringer Anteil an der Gesamtkriminalität – hohe Aufklärungsquote von 97% lässt aber auf hohes Dunkelfeld schließen – zur Strafwürdigkeit vgl. die allgemeine Ansicht: „Der Hehler ist genauso schlimm wie der Stehler"

1. Die Hehlerei, § 259 StGB

a) Schutzgut und Normzweck

Vermögen des durch die Vortat Geschädigten – Verhindern der Aufrechterhaltung (Perpetuierung) der rechtswidrigen Besitzlage – Hehlerei ist Vermögensgefährdungsdelikt

b) Tatbestand

aa) Tatobjekt – nur Sache, die aus einer gegen fremdes Vermögen gerichteten rechtswidrigen Tat stammt - keine Ersatzhehlerei – rechtswidrige Besitzlage muss noch fortdauern –

bb) Täterkriterien: Vortat muss „ein anderer" begangen haben – Vortäter kann daher weder Täter noch Teilnehmer der Hehlerei sein – str. ist, ob der Teilnehmer der Vortat als Täter der Hehlerei in Betracht kommt:

- hM: Teilnehmer der Vortat kann Hehler sein – arg.: kriminalpolitisches Bedürfnis

- tvA 1: Teilnehmer der Vortat ist kein tauglicher Täter – arg.: Unrecht der Hehlerei wird vollständig von Teilnahmeunrecht erfasst
- tvA 2: Unterscheidung nach Art der Vortatbeteiligung - Hehlerei nicht möglich, wenn der Teilnehmer durch die Beteiligung noch keinen Anteil an der Beute erlangt hat

cc) § 259 normiert vier Handlungsvarianten:

verschaffen = Hehler muss sich oder einem Dritten im Einverständnis mit dem Vorbesitzer die selbstständige Verfügungsgewalt verschafft haben

ankaufen = Unterfall des Verschaffens –

absetzten = Verwertung des Tatobjekts durch Übertragung der Verfügungsmacht auf einen Dritten mit Einverständnis des Vorbesitzers

absetzten helfen (Absatzhilfe) = die unselbstständige Unterstützung des Vortäters bei der Beuteverwertung

dd) subjektiver Tatbestand: Vorsatz hinsichtlich des objektiven Tatbestands – Bereicherungsabsicht – Erzielung des üblichen Geschäftsgewinns genügt indessen nicht –

c) Sonstiges

§ 259 Abs.2: eingeschränktes Strafantragserfordernis

§ 259 Abs. 3: Strafbarkeit des Versuchs – geringe Bedeutung

§§ 260, 260a StGB: Qualifikation

Konkurrenzen: regelmäßig mitverwirklche Unterschlagung tritt hinter § 259 StGB zurück –

2. Die Geldwäsche, § 261 StGB

a) Entstehungsgeschichte und Schutzgut

Aufnahme der Geldwäsche in das StGB durch das OrgKG im Jahr 1992 – seither mehrfache Ausdehnung des Tatbestands durch Erweiterung des Vortatenkatalogs – im Einzelnen sehr umstritten und kriminalpolitisch fragwürdig (vgl. Fischer, StGB, §261 Rn. 4a)

Schutzgut: Rechtspflege und die durch die Vortat verletzten Rechtsgüter

b) Tatbestand

aa) Tatobjekt: Gegenstand, der aus einer Katalogtat (vgl. § 260 Abs.2) herrührt – herrühren = weit zu verstehen, auch eine Kette von Verwertungshandlungen genügt – Ausschluss von gutgläubig erworbenen Gegenständen gem. § 260 Abs. 6 StGB – Abs. 6 gilt nach seinem Wortlaut jedoch nur für § 260 Abs. 2 StGB (hM, str.)

bb) Tathandlung:
Abs. 1: Verbergen, Herkunft verschleiern, Vereiteln der Einziehung und Sicherstellung
Abs. 2 Nr. 1: Tatobjekt sich oder einem Dritten verschaffen – problematisch ist die Geldwäsche durch Strafverteidiger
Abs. 2 Nr. 2: Tatobjekt für sich oder einen Dritten verwahren oder verwenden –

cc) Subjektiver Tatbestand: grds. wird insoweit Vorsatz verlangt – nach Abs.5 genügt in Bezug auf das Herrühren der Gegenstände Leichtfertigkeit

c) Sonstiges

Abs. 3: Strafbarkeit des Versuchs

Abs. 4: Qualifikation

Abs. 8: Erstreckung auf Gegenstände, die aus Auslandstaten herrühren

Abs. 9: tätige Reue

IV. Strafvereitelung, falsche Verdächtigung und Nichtanzeige geplanter Straftaten

die Tatbestände sollen in erster Linie die staatliche Rechtspflege und deren Funktionsfähigkeit schützen

1. Die Strafvereitelung, §§ 258 f. StGB

a) Schutzgut

Schutz der Rechtspflege –

b) Tatbestand

aa) Abs. 1: Vereiteln der Strafverfolgung – Vortat muss verfolgbar sein – Tat muss also rechtswidrig und schuldhaft begangen worden sein – Taterfolg ist gänzliche oder teilweise Vereitelung der Strafe – gänzliche Vereitelung liegt bereits dann vor, wenn Bestrafung zeitlich verzögert wird (hM: mindestens um 2 Wochen) – problematisch ist die Grenzziehung zwischen zulässigem und unzulässigem Verteidigerhandeln:
- tatbestandslos ist   die Wahrnehmung von Verteidigungsrechten
  Plädoyer auf Unschuld gegen eigene Überzeugung
  Information des Angeklagten über Ermittlungsakte
- tatbestandsmäßig ist die sachwidrige Erschwerung der Strafverfolgung
  das Herbeiführen falscher Aussagen

> Bestimmen eines Zeugen zur Falschaussage durch Nötigung, Täuschung oder Bestärken
> Veranlassen eines Zeugen, nicht zur Hauptverhandlung zu kommen

bb) Abs. 2: Vereiteln der Vollstreckung der Strafe – rechtskräftige Verurteilung erforderlich – str. ist, ob die Zahlung einer fremden Geldstrafe tatbestandsmäßig ist:
- hM: Strafvereitelung meint keine Strafzweckvereitelung
- tvA: Geldstrafe als höchstpersönliche Strafe – daher Strafvereitelung gegeben

cc) subjektiver Tatbestand: Absicht oder Wissentlichkeit erforderlich

c) Sonstiges

Abs. 4. Strafbarkeit des Versuchs

Abs. 5 u 6. Strafausschließungsgründe

§ 258a StGB: Qualifikation der Strafvereitelung im Amt

2. Die falsche Verdächtigung, § 164 StGB

Abs. 1: Schutz von Straf- und Disziplinarverfahren – Verdächtigen = Hervorrufen, Umlenken oder Bestärken eines Verdachts – problematisch, ob Verdächtigen auch durch Schweigen, Leugnen oder Ablenken möglich – wider besseren Wissens = Falschheit der Verdächtigung

Abs. 2: Schutz von sonstigen behördlichen Verfahren

subjektiver Tatbestand: sichere Kenntnis von der Unwahrheit der Verdachtsmomente – im Übrigen dolus eventualis ausreichend

3. Das Vortäuschen einer Straftat, § 145d StGB

Formulierung von vier Tatbeständen - Abs. 1: Vortäuschen einer rechtswidrigen Tat - Abs. 2: Täuschung über die Beteiligung an einer Tat – Nr. 1 betrifft jeweils schon realisiertes Geschehen – Nr. 2 betrifft jeweils eine angeblich bevorstehende Tat

Vortäuschen iSd Abs. 1 = Erregen oder Bestärken eines Verdachts

Täuschen iSd Abs. 2 = Lenken des Tatverdachts auf einen Unbeteiligten

subjektiver Tatbestand: sichere Kenntnis von der Unwahrheit der Verdachtsmomente – im Übrigen dolus eventualis ausreichend

Subsidiarität gegenüber §§ 164, 258, 258a StGB

4. Die Nichtanzeige geplanter Straftaten, §§ 138, 139 StGB

Echtes Unterlassungsdelikt – Strafgrund: Mindestsolidarität

Strafbarkeit nicht erfüllter Anzeigepflicht von in § 138 StGB aufgeführten Katalogtaten – Täter kann jeder sein

Straflosigkeit gem. § 139 StGB

§ 18 Sonstige Delikte gegen das Eigentum und gegen spezialisierte Vermögenswerte

I. Die Sachbeschädigung, § 303 StGB

1. Allgemeines

§ 303 StGB enthält den Tatbestand der einfachen Sachbeschädigung – geschütztes Rechtsgut: Eigentum – Schutz der Unversehrtheit und der Brauchbarkeit – Erfolgsdelikt – Versuch ist strafbar – im Vergleich zum Diebstahl erheblich niederer Strafrahmen –

Kriminologisch: Sachbeschädigung häufig nur Begleitdelikt zu anderen Straftaten – anders insbes. bei Vandalismus und Schäden durch Graffiti (ca. 200 bis 250 Millionen Euro p.a.)

2. Tatbestand

a) objektiver Tatbestand

fremde Sache: - auch wertlose Sachen – auch Tiere – Beurteilung der Fremdheit nach Zivilrecht

beschädigen – Def.: unmittelbare Einwirkung auf die Sache durch die Sache in ihrer körperlichen Unversehrtheit oder in ihrer Brauchbarkeit mehr als nur unerheblich beeinträchtigt wird - vgl. nochmals das Rechtsgut des § 303 StGB! – Bsp. für Erheblichkeitskriterium: Ablassen von Luft aus Fahrradreifen – str. auch: Löschen von Daten ohne Beschädigung des Datenträgers als Sachbeschädigung?

zerstören - Def. unmittelbare Einwirkung auf eine Sache in einer Weise, dass diese in ihrer Existenz vernichtet wird oder ihre bestimmungsgemäße Brauchbarkeit völlig verloren hat – Bsp. Verbrennen eines Buches

Verändern des Erscheinungsbildes – in § 303 II StGB neu eingeführt – Def. Eingriff in den äußeren Zustand einer Sache mit dem in den Gestaltungswillen des Berechtigten eingegriffen wird

b) subjektiver Tatbestand

dolus eventualis genügt

c) Strafbarkeit des Versuchs, § 303 Abs. 3

3. Qualifikationen: Zerstören von Bauwerken, § 305 StGB; Zerstören wichtiger Arbeitsmittel, § 305a StGB

Tathandlung ist hier nur die Zerstörung – Kenntnisse von Einzelheiten werden insoweit nicht verlangt –

II. Die gemeinschädliche Sachbeschädigung, § 304 StGB

Gegenüber § 303 StGB eigenständiges Delikt – wg. Schutz des Allgemeininteresses kein Strafantrag erforderlich – besonderer Schutz von kulturellen oder gemeinnützigen Gegenständen Aufzählung in § 304 StGB ist abschließend - § 304 Abs. 2 StGB schützt wie § 303 Abs. 2 StGB das Erscheinungsbild der Sachen

Strafbarkeit des Versuchs gem. § 304 Abs. 3

III. Die Datenveränderung, § 303a StGB, und die Computersabotage, § 303b StGB

1. Allgemeines

Neufassung beider Delikte durch das 41. StrÄndG vom 7.8.2007 im Rahmen der Umsetzung des EI-Rahmenbeschlusses zur Computerkriminalität (RB 2005/222/JI) – Versuch ist strafbar – erhebliche Vorverlagerung der Strafbarkeit – im Grundtatbestand Antragsdelikt

2. Datenveränderung, § 303a StGB

Tatobjekt: fremde Daten – Datenbegriff verweist auf § 202a StGB

Tathandlung: Einwirkung auf die Daten – Aufzählung verschiedener, sich teils überschneidender Handlungsformen

bei beweiserheblichen Daten Ergänzung von § 303a StGB durch 274 Abs. 1 Nr. 2 StGB

§ 303a Abs. 3: Strafbarkeit von Vorbereitungshandlungen durch Verweis auf § 202c StGB

3. Computersabotage, § 303b StGB

Tatbestand: Störung einer Datenverarbeitung durch Einwirkung auf Datenverarbeitung – Einwirkung durch Datenveränderung iSd § 303a StGB, Dateneingabe oder -übermittlung, Zerstörung etc. der Hardware

§ 303b Abs. 2 StGB Qualifikation bei Störung von Datenverarbeitungen von Unternehmen und Behörden – § 303b Abs. 4StGB Qualifikation bei schweren Folgen bzw. gewerbsmäßigem Handeln

§ 303b Abs. 5: Strafbarkeit von Vorbereitungshandlungen durch Verweis auf § 202c StGB

§ 19 Vorbemerkung zu §§ 20-22: Urkundendelikte, Delikte gegen die Rechtspflege, Straßenverkehrsdelikte, Brandstiftungsdelikte

Diese Deliktsgruppen sind oft erst Gegenstand von Ergänzungsvorlesungen zum Besonderen Teil.

Damit das vorliegende Skript den wesentlichen examensrelevanten Stoff des Besonderen Teils des Strafrechts langfristig als Lernhilfe dient, werden wichtigsten Delikte der Vorlesung Strafrecht IV nachstehend fallorientiert dargestellt und besprochen.

Ebenfalls wesentlich ist ein Überblick über die nachfolgenden Delikte zur Bewältigung der „Übung im Strafrecht für Fortgeschrittene" **Urkundenstraftaten, §§ 267 ff. StGB**

I. Allgemeines

1. Rechtsgut und Schutzrichtungen

Rechtsgut der im 23. Abschnitt des StGB geregelten Delikte ist nach hM einheitlich die Sicherheit und Zuverlässigkeit des Rechtsverkehrs – arg.: historische Entwicklung der Urkundendelikte aus den Fälschungsdelikten (Betrug, Geldfälschung, Aussagedelikte) im 19. Jahrhundert – nach einer tvA das individuelle Recht des Einzelnen, vor Scheinerklärungen verschont zu bleiben (*Puppe, Hoyer*) oder der Schutz eines individuellen Rechts, nicht getäuscht zu werden (z.B. *Jakobs*, tendenziell auch eigene Auffassung) – dabei sollen sich vier Schutzrichtungen unterscheiden lassen:
- das Vertrauen in die Echtheit und Unverfälschtheit der Urkunde
- das Vertrauen auf die inhaltliche Wahrheit der Urkunde
- die Bestandserhaltung, Verfügbarkeit und Unversehrtheit der Urkunde
- der Schutz vor missbräuchlicher Verwendung der Urkunde

Die verschiedenen Schutzrichtungen werden von den §§ 267 ff. StGB in unterschiedlichem Umfang geschützt – Schriftform ist nach hM nicht notwendig (str.) –

2. Der Urkundenbegriff

Tatobjekt der §§ 267 ff. ist idR die Urkunde

Urkunde im strafrechtlichen Sinn = jede verkörperte Gedankenerklärung (sog. Perpetuierungsfunktion), die zum Beweis im Rechtsverkehr geeignet und bestimmt ist (sog. Beweisfunktion) und die ihren Aussteller erkennen lässt (sog. Garantiefunktion) – mehrere einzelne Urkunden können in einer Gesamturkunde zusammengefasst sein – bloße Entwürfe und Vordrucke sind idR keine Urkunden – Urkunden sind auch sog. Deliktsurkunden und sog. Zufallsurkunden

unter den Urkundenbegriff fallen auch:
- Beweis- und Kennzeichen: Bsp. Fahrzeugkennzeichen am PKW; Preisauszeichnungen an Waren

- Durchschriften, Ausfertigungen: da diese das Original vertreten – nicht dagegen Fotokopien und einfache Abschriften, da es hier regelmäßig an der Übernahme einer Gewähr für die Richtigkeit fehlt (im Einzelnen ist das aber Tatfrage)
- Computerfaxe: da diese eine Fernanfertigung des Originals sind – anders ist dies bei einfachen Faxen, da diese nur Kopien des Originals darstellen (str.)

3. Dogmatische Besonderheiten

Anpassen der Vorschriften auf elektronische Datenverarbeitung – Gleichstellungsklausel in § 270 StGB – Erstreckungsklauseln wie z.B. § 276a StGB

II. Die Urkundenfälschung, § 267 StGB

1. Bedeutung

Zentraler Tatbestand der Urkundendelikte

2. Tathandlung

Tatbestand normiert 3 verschiedene Handlungsalternativen, die bis zur Reform im Jahr 1943 drei verschiedene Tatbestände (§§ 267-270 StGB a.F. – vgl. heute noch §§ 277-279 StGB) darstellten:

- Herstellen einer unechten Urkunde: unecht ist eine Urkunde, wenn sie nicht von demjenigen herrührt, der aus ihr als Aussteller hervorgeht – kennzeichnend ist daher das Anstreben einer Identitätstäuschung – eine bloße Namenstäuschung genügt dagegen nicht – auch nicht ausreichend: Abgeben einer Erklärung für einen anderen mit dessen Namen – bei Blankettfälschung liegt dagegen unechte Urkunde vor – Aussteller einer Urkunde können natürliche Personen oder Behörden sein – die Wahrheit der Urkunde ist nicht entscheidend
- Verfälschen einer echten Urkunde: verfälschen ist jede unbefugte Veränderung der Beweisrichtung und des gedanklichen Inhalts einer echten Urkunde – Verfälschen durch den Aussteller ist möglich, wenn der Aussteller die Abänderungsbefugnis verloren hat
- Gebrauchen einer unechten oder verfälschten Urkunde: Gebrauch liegt vor, wenn die Urkunde dem zu Täuschenden in einer Weise zugänglich gemacht wird, dass die Kenntnisnahme möglich ist – Fälschung muss also in den Machtbereich des zu Täuschenden gelangt sein – tatsächliche Kenntnisnahme ist dagegen nicht notwendig – Vorlage einer Kopie der Fälschung ist dagegen kein Gebrauch der Fälschung

Konkurrenzen innerhalb der Handlungsalternativen:
- soweit im Verfälschen iSd. 2. Alt zugleich das Herstellen einer unechten Urkunde iSd 1. Alt. liegt, tritt die erste Alternative zurück
- für das Verhältnis des Herstellens bzw. Verfälschens zum Gebrauchen gilt:
  - ist Gebrauch von Anfang an geplant, liegt eine einheitliche Tat vor, die mit dem Gebrauch der Urkunde vollendet wird, § 52 StGB

- wird späterer Gebrauch der Urkunde nur allgemein geplant, liegt im späteren Gebrauch eine neue selbstständige Tat – also: Tatmehrheit zum Herstellungsakt, § 53 StGB

3. Sonstiges

§ 267 Abs. 2. Strafbarkeit des Versuchs

§ 267 Abs. 3 u. 4: § 267 Abs. 2. Strafbarkeit des Versuchs

§ 267 Abs. 3: Regelbeispiel für besonders schwere Fälle – Neufassung durch das 6. StrRG

§ 267 Abs. 4: Qualifikation

III. Die Fälschung technischer Aufzeichnungen und beweiserheblicher Daten bzw. Datenverarbeitungsvorgänge, §§ 268 ff. StGB

1. Fälschung technischer Aufzeichnungen, § 268 StGB

Echtheitsschutz technischer Aufzeichnungen im Beweisverkehr – eingefügt durch das 1. StrRG, um durch fortschreitende Technisierung entstehende Lücken zu schließen – Leitentscheidung BGHSt 29, 204

Tatbestandsaufbau entspricht weitgehend dem des § 267 StGB – Begriff der technischen Aufzeichnung definiert in § 269 Abs. 2 StGB – Handlungsmodalitäten entsprechen denen des §267 StGB – § 268 Abs. 3 als Unterfall des Herstellens einer unechten Urkunde – unecht ist eine technische Aufzeichnung, wenn sie überhaupt nicht oder nicht so, wie sie vorliegt, das Ergebnis eines störungsfreien Aufzeichnungsvorgangs ist – Fehler aufgrund eines Eigendefekts des Geräts fallen nicht unter § 268 StGB

2. Fälschung beweiserheblicher Daten, § 269 StGB

Normzweck: Verhinderung von Missbräuchen bei der Verwendung von Datenverarbeitungsanlagen

Konstruktion im Übrigen weitgehend entsprechend § 267 StGB

3. Täuschung im Rechtsverkehr bei Datenverarbeitung, § 270 StGB

Eingeführt durch das 2. WiKG vom 1.8.1986 – Gleichstellungsklausel für alle Delikte, in denen der Ausdruck „zur Täuschung im Rechtsverkehr" vorkommt – nach hM nur deklaratorischer Natur – Zweck: Schließung von Strafbarkeitslücken, wenn eine Person Entscheidungen durch eine Datenverarbeitungsanlage treffen lässt –

IV. Die Urkundenunterdrückung, § 274 StGB

1. Schutzzweck

Bestandsschutz von Urkunden – Tat richtet sich gegen die Beweisführungsbefugnis eines anderen – Einwilligung ist nach hM möglich (str., Einwilligung nicht möglich, wenn man den Schutz des Allgemeininteresses betont)

2. Tatbestand

Tatobjekt = echte Urkunden, die nicht oder nicht ausschließlich dem Täter zur Beweisführung zustehen

Tathandlungen = Vernichten, Beschädigen oder Unterdrücken – Unterdrücken = jede Handlung, durch die dem Beweisführungsberechtigten die Benutzung des Beweismittels zumindest zeitweilig entzogen wird

Subjektiver Tatbestand: Vorsatz – Absicht, dem Betroffenen einen Nachteil zuzufügen – Vermögensnachteil ist nicht erforderlich, ausreichend ist Nachteil jeglicher Art – Absicht = untechnisch als dolus directus (sicheres Wissen also ausreichend, str.)

V. Die Falschbeurkundung im Amt und die mittelbare Falschbeurkundung, §§ 271, 349 StGB

1. Allgemeines

Neugestaltung von § 271 StGB durch das 6. StrRG: Zusammenfassung der ehemaligen §§ 271-273 StGB a.F. in § 271 StGB n.F. – hier auch Schutz der inhaltlichen Richtigkeit von Urkunden (Wahrheitsschutz)

Tatobjekt = *öffentliche* Urkunden – auch ausländische öffentliche Urkunden, wenn sie im Inland gebraucht werden – Urkunde muss für den Rechtsverkehr nach außen bestimmt sein – Schutz nur soweit sich die Beweiskraft erstrecken soll – also auch nicht sog. „schlicht amtliche Urkunden", die nur für den inneren Dienstgebrauch bestimmt sind

2. Falschbeurkundung im Amt, § 349 StGB

Tathandlung: vorsätzlich falsche Beurkundung seitens des Amtsträgers

3. Mittelbare Falschbeurkundung, § 271 StGB

§ 271 Abs. 1 (Bewirken einer Falschbeurkundung): im Grunde besonders gesetzlich vertypte Form von mittelbarer Täterschaft – warum notwendig? Mittelbarer Täter fehlt Amtsträgereigenschaft! Schließung einer Strafbarkeitslücke (Vorschrift entspricht insoweit § 160 StGB) – Täter muss bewirken, dass ein Amtsträger gutgläubig etwas inhaltlich Unwahres zu öffentlichem Glauben beurkundet oder in Dateien speichert

§ 271 Abs. 2 StGB (Gebrauch einer falschen Beurkundung): vgl. insoweit zu § 267 3. Alt StGB

§ 271 Abs. 3. Qualifikation

VI. Fälschung und Missbrauch von Ausweispapieren und anderen Urkunden, §§ 273, 275-276a StGB, 281 StGB sowie die Fälschung, Ausstellen und Gebrauch von Gesundheitszeugnissen, § 277-279 StGB

1. Schutz amtlicher Ausweise

a. § 273 StGB

Verändern von amtlichen Ausweisen – Ausweis = zum Zweck des Nachweises der Identität oder der Verhältnisse einer Person ausgestellte amtliche Urkunden – Bsp.: Pässe, Studentenausweise, Führerscheine

b. §§ 275 – 276a StGB

§ 275 StGB: Vorbereitungsdelikt zur Fälschung von amtlichen Ausweisen

§ 276 StGB: Strafbarkeit von Verhaltensweisen, die auf den Missbrauch von Ausweisen abzielen – Unternehmungsdelikt (§ 11 Abs. 1 Nr. 6 StGB)
§ 276a StGB: Erstreckung der §§ 275, 276 StGB auf Aufenthaltspapiere und Fahrzeugpapiere

2. Schutz von Gesundheitszeugnissen

Besonderer Schutz von Gesundheitszeugnissen durch Bestrafung der Fälschung (§ 277 StGB), der unrichtigen Ausstellung (§ 278 StGB) und des Gebrauchs (§ 279 StGB)

§ 20 Delikte gegen die Rechtspflege

I. Überblick

Die §§ 153ff. StGB sind insgesamt nicht ganz leicht zu verstehen. Dies liegt zum einen daran, dass die Aussagedelikte eigenhändige Sonderdelikte sind; zum anderen soll auf die besondere Prozesssituation Rücksicht genommen werden. Dies hat dazu geführt, dass in den §§ 157 ff. einige im ersten Zugriff schwer zu verstehende Abweichungen bzw. Ergänzungen zum Allgemeinen Teil des Strafrechts normiert wurden. Dies macht die §§ 153 ff. aber zugleich geeignet, einige Figuren des allgemeinen Teils nochmals zu vertiefen:

BT ieS	„AT im BT"
§ 153 falsche uneidliche Aussage	§ 157 Aussagenotstand
§ 154 Meineid	§ 158 Berichtigung einer falschen Aussage
§ 155 Eidesgleiche Bekräftigung	§ 159 Versuch der Anstiftung
§ 156 Falsche Versicherung an Eides Statt	§ 160 Verleitung zur Falschaussage
§ 163 fahrlässiger Falscheid	

II. Ergänzende Übersicht zu § 160 StGB

Verleitung zur Falschaussage, § 160 StGB

P.: Definition Verleiten?
  Einwirken auf einen Anderen, eine Aussage zu machen, die dieser – wenn auch fahrlässig – für richtig hält

P.: Inwiefern ist § 160 StGB kriminalpolitisch fragwürdig?
  - § 160 regelt einen Fall der mittelbaren Täterschaft, der eigentlich von § 25 Abs. 1 2. Alt erfasst würde – wegen des geringeren Strafmaßes wird der Gedanke der mittelbaren Täterschaft aber ausgehebelt – kriminalpolitisch lässt sich das noch damit erklären, dass das personale Unrecht des mittelbaren Täters insofern gemindert ist, als ihn persönlich eben keine Pflicht zur wahren Aussage trifft
  - § 160 Abs. 2 stellt die versuchte mittelbare Täterschaft unter Strafe, wohingegen die versuchte unmittelbare Täterschaft im Fall des § 153 straflos ist – allerdings erfasst §160 sowohl die eidliche wie auch die uneidliche Falschaussage und pönalisiert insgesamt wohl doch eine eigenständige Art von Unrecht, das diese Ungleichbehandlung möglicherweise erklären kann

P.: Greift § 160 StGB ein, wenn die aussagende Person entgegen der Auffassung des mittelbaren Täters bösgläubig ist?

- nach hM ist § 160 StGB in diesem Fall vollendet, da mit dem Vorliegen einer vollendeten Anstiftung objektiv sogar „mehr" vorliegt und subjektiv der Vorsatz gegeben ist.
- eine Minderauffassung bestraft in diesem Fall dagegen nur wegen eines fehlgeschlagenen Versuchs

III. Fälle zu den Aussagedelikten, §§ 153 ff. StGB

Fall 1:
Die berühmte Zeugin Z sagt vor Gericht unter Eid aus, sie habe den Angeklagten am 4. Juli abends gegen 23 Uhr in einer Disco bei Lahr kennen gelernt. In Wahrheit hatte Z den A dort jedoch genau einen Monat vorher kennen gelernt und die Monate Juni und Juli verwechselt. Z war der Auffassung, sie habe vor Gericht die Wahrheit gesagt, da sie aber öfter diese beiden Monate verwechselt, hätte sie den Fehler bei etwas mehr Aufmerksamkeit erkennen können. Im Übrigen gibt Z aus Eitelkeit ihr Alter fünf Jahre zu niedrig an. Strafbarkeit der Z?

I. Strafbarkeit von Z gem. § 154 StGB wegen der Altersangabe?

1. Fraglich ist zunächst, worauf sich die Aussagepflicht bezieht. Der Wahrheitspflicht unterliegt nur der Gegenstand der Vernehmung (§ 69 StPO, Beweisbeschluss im Zivilprozessrecht). Zur Vernehmung gehört allerdings auch bereits die Befragung zur Person und erst recht Fragen zum Tatgeschehen. Nicht zur Aussage gehören spontane Äußerungen des Zeugen, die nicht das Beweisthema zum Gegenstand haben.
Da Z mit der falschen Altersangabe auch falsche Angaben zur Person gemacht hat, liegt insoweit eine Falschaussage vor.

2. Insoweit handelte Z auch vorsätzlich, rechtswidrig und schuldhaft und ist daher gem. § 154 StGB strafbar – falls Z nicht wusste, dass die Wahrheitspflicht und die Eidesleistung auch die Angaben zur Person umfasst, würde insoweit ein vorsatzausschließender Tatbestandsirrtum gem. § 16 Abs. 1 StGB gegeben, so dass Z nur nach § 163 StGB bestraft werden könnte (der Sachverhalt ist in diesem Punkt unklar, zum Irrtumsproblem vgl. *Wessels/Hettinger* BT/1, Rn. 761) – die Sorgfaltspflichtverletzung würde dann darin liegen, dass sie sich nicht beim Richter über den Umfang ihrer Aussagepflicht erkundigt hat

II. Strafbarkeit von Z gem. § 154 StGB wegen der falschen Datumsangabe?

Fraglich ist, ob Z mit der Datumsverwechslung eine „falsche" Aussage gemacht hat. Die Angaben über das Kennenlernen des A waren Beweisthema und unterlagen daher der allgemeinen Wahrheitspflicht. Allerdings ist bis heute ungeklärt, wann eine Aussage falsch im Sinne der §§ 153 ff. StGB ist:

a) Teilweise wird *subjektiv* eine *Differenz zwischen Wort und Wissen* verlangt. Danach würde hier eine Falschaussage nicht vorliegen, da Z im Moment seiner Aussage von deren Richtigkeit ausging.

b) Andere verlangen *objektiv* einen *Widerspruch zwischen dem gesprochenen Wort und der objektiven Wirklichkeit*, so dass im vorliegenden Fall eine Falschaussage gegeben wäre.

c) Dritte stellen auf die *Pflicht* des Zeugen ab, das von ihm reproduzierbare Bild objektiv vollständig wiederzugeben und den Richter von der Qualität der Reproduktion zu unterrichten. Auch danach würde eine falsche Aussage vorliegen, da Z ein genaueres Bild hätte produzieren können und dem Richter nicht über ihre Neigung, die Monate Juni und Juli zu verwechseln, berichtet hat.

d) Eine Entscheidung zwischen den Theorien kann hier aber dahinstehen, da Z jedenfalls nicht vorsätzlich gehandelt hat.

III. Strafbarkeit von Z gem. § 163 StGB?

1. Dazu müsste Z pflichtwidrig falsch ausgesagt haben.

   a) Eine Falschaussage der Z liegt entsprechend obigen Ausführungen allerdings nicht vor, wenn man den Begriff der „falsch" entsprechend den obigen Ausführungen subjektiv als Widerspruch zwischen Wort und Wissen im Moment der Aussage definiert. § 163, der den fahrlässigen Falscheid unter Strafe stellt, zeigt allerdings, dass eine solche Bestimmung des Begriffes gerade in Fällen wie diesem, in denen sich der Zeuge nur etwas besser hätte konzentrieren müssen, zu kurz greift und daher abzulehnen ist.

   b) Bestimmt man den Begriff der falschen Aussage dagegen objektiv oder entsprechend der dem Zeugen obliegenden Aussagepflichten, liegt eine Falschaussage vor.

   c) Die Falschaussage der Z geschah auch aufgrund der Verletzung der Pflicht der Z, im Prozess ihre Aussage gemäß ihrem Besten Wissen zu machen und sich so gut als möglich zu konzentrieren (s.o.).

2. Die Tat geschah auch rechtswidrig und schuldhaft, so dass sich Z gem. § 163 StGB strafbar gemacht hat.

Fall 2:
A verklagt B auf Schadensersatz aus einem Verkehrsunfall. Zur Klärung des Unfallhergangs benennt B die Zeugin Z, die bei dem Unfall im Wagen des A als Beifahrerin dabei war. Z bezeugt unter Eid gegen besseres Wissen, B habe dem A die Vorfahrt genommen. Z machte die Aussage aus Zuneigung zu A, der in der Hoffnung auf ein solches Verhalten nach dem Unfall eine sexuelle Beziehung zu Z aufgebaut hatte. Als A nach der Aussage die Beziehung beendet, geht Z noch vor der Urteilsverkündung zur Polizei und widerruft dort ihre Aussage. Die Polizei informiert den Richter, so dass er die falsche Aussage noch für das Urteil berücksichtigen kann und die Klage des A richtigerweise ablehnt. Strafbarkeit der Beteiligten?

I. Strafbarkeit der F gem. § 154?

1. Obj. TB ist gegeben

2. Subj. TB liegt ebenfalls vor

3. Rechtswidrigkeit und Schuld sind gegeben

4. Ergebnis: Strafbarkeit +, aber § 158?

   a) Aussage rechtzeitig berichtigt gem. Abs. 1? Widerruf vor der Polizei, der im Urteil berücksichtigt wurde.

   b) aber genügt Widerruf vor der Polizei? Ja, ausdrücklich geregelt, § 158 Abs. 3

   c) Gericht kann also von Strafe absehen oder die Strafe mildern

II. Strafbarkeit des A gem. §§ 154, 13?

1. Obj. TB?

   a) mangels positivem Tun des A allenfalls Unterlassensstrafbarkeit des A denkbar

b) fraglich aber, ob A auch im Fall des Unterlassens überhaupt Täter sein kann
- aa) teilweise wird behauptet, im Fall des vorsätzlichen Unterlassens sei der Unterlassende immer als Täter einzuordnen
- bb) andere wollen auch beim vorsätzlichen Unterlassen zwischen Täterschaft und Teilnahme unterscheiden und auf die Qualität der Pflichtverletzung abstellen – danach würde hier eine bloße Beihilfe näherliegen
- cc) im vorliegenden Fall kann eine Streitentscheidung allerdings dahinstehen, da § 154 ein eigenhändiges Delikt darstellt und A vorliegend die Zeugeneigenschaft fehlt – mangels Täterqualität des A scheidet daher eine täterschaftliche Begehung durch Unterlassen aus

2. Ergebnis: keine Strafbarkeit

III. Strafbarkeit des A gem. §§ 154, 27, 13?

1. A hat die falsche Aussage der Z geschehen lassen, ohne einzugreifen – somit liegt ein Unterlassen seitens des A vor – dieses Unterlassen hat der Z die falsche Aussage auch erleichtert

2. fraglich ist aber, ob A überhaupt zum Einschreiten verpflichtet war – dazu müsste A zunächst eine Garantenstellung innehaben:
- a) teilweise wird eine Garantenstellung kraft Gesetzes aus einer *allgemeinen Verhinderungspflicht* zu Falschaussagen angenommen - § 138 ZPOP etwa verpflichte die Parteien zur Wahrheitsfindung beizutragen - dies ist jedoch abzulehnen, da § 138 ZPO (genau wie entsprechende andere Verfahrensvorschriften) keine strafrechtlichen Pflichten regelt und auch sonst das Prozessrechtsverhältnis keine Sonderstellung gegenüber einem beliebigen Zeugen begründet
- b) in Betracht kommt aber möglicherweise eine Garantenstellung aus Ingerenz – die Voraussetzungen der Ingerenz sind umstritten – wenn man bereits ein vorhergehendes gefährliches Verhalten ausreichen lässt, so müsste hier mit einer teilweise vertretenen Meinung im Schrifttum eine *prozessinadäquate Risikosteigerung* seitens des A verlangen – der vorherige sexuelle Kontakt des A mit Z genügt hierzu allerdings nicht – es gibt kein Verbot, das einer Prozesspartei sexuelle Beziehungen zu einem Zeugen untersagt – die Eigenverantwortlichkeit der Z bleibt von diesem Verhältnis unberührt
- c) zuletzt scheidet auch eine Garantenstellung aus einem engen persönlichen Näheverhältnis aus, da bloße sexuelle Kontakte nicht ausreichen, um eine solche zu begründen

---

Fall 3:
Der Angeklagte A bespricht mit dem Zeugen Z vor dessen Aussage im Prozess nochmals das Tatgeschehen und redet Z dabei ein, die Straße, auf der Unfall geschehen sei, sei sandig gewesen. Das Fahrzeug sei daher nicht aufgrund der Alkoholisierung des A, sondern wegen des Sandes auf der Straße ins Schleudern gekommen. A weiß, dass die Straße in einwandfreiem Zustand war, meint aber, auf diese Weise den Z zu einer ihm günstigen Aussage bringen zu können. Z weiß, dass die Straße tip-top war, meint aber, der A habe aufgrund des Unfalls schon genug gelitten und sagt daher vor Gericht, die Straße sei sandig gewesen. Äußerlich lässt sich Z nicht anmerken, dass er das „Spiel" des A durchschaut hat. Strafbarkeit der Beteiligten?

I. Strafbarkeit des Z?
Z hat sich durch die Aussage vor Gericht gem. § 153 – oder falls er vereidigt wurde sogar gem. § 154 StGB – strafbar gemacht.

II. Strafbarkeit des A gem. § 160?
1. Obj. Tatbestand
Dazu müsste A den Z zu einer falschen Aussage verleitet haben.
- a) § 160 normiert die Strafbarkeit der wegen des Charakters der §§ 153 ff. als eigenhändige nach den allgemeinen Regeln nicht möglichen mittelbaren Täterschaft. Ein Verleiten im Sinne des § 160 StGB meint daher ein Einwirken auf eine andere Person, eine Aussage zu machen, die dieser – wenn auch fahrlässig – für richtig hält. Im vorliegenden Fall wirkt A auf Z ein, einen falschen Straßenzustand anzugeben. Allerdings durchschaut Z das Spiel des A macht die falsche Aussage nicht gutgläubig, sondern bösgläubig.
- b) Man könnte daher die Auffassung vertreten, dass A den Z nicht zur Falschaussage verleitet hat. A könnte sich dann nur noch wegen eines versuchten Verleitens zur Falschaussage gem. § 160 Abs. II, 22 strafbar gemacht haben (so *Wessels/Hettinger*, BT/1, Rn. 783, §§ 153/154, 26 scheidet mangels eines Anstiftervorsatzes des A aus)
- c) Allerdings hat Z zwar nicht unvorsätzlich falsch ausgesagt, sondern sogar vorsätzlich. Die Vorsatztat schließt aber objektiv als Maius das Minus der unvorsätzlichen Tat mit ein (so *Lackner/Kühl*, § 160 Rn. 4), so dass im vorliegenden Fall gleichwohl das Verleiten zu einer Falschaussage im Sinne § 160 StGB anzunehmen ist.

2. Subj. Tatbestand
A hat auch wissentlich und willentlich und somit vorsätzlich gehandelt

3. Die Tat geschah auch rechtswidrig und schuldhaft, so dass A gem. § 160 StGB strafbar ist.

§ 21 Brandstiftungsdelikte mit Versicherungsbetrug

I. Übersicht

1. Allgemeines

Im Wesentlichen neu gestaltet durch das 6. StRG – wesentliche Änderungen in der Systematik und in der neuen Tathandlung der Brandlegung

Inbrandsetzen = Brandstiftungserfolg – Sache muss so vom Feuer ergriffen sein, dass sie selbständig weiterbrennen kann –

Brandlegung = Hervorrufen einer zerstörerischen Wirkung durch das Brandmittel – Bsp. Schmoren, Rauchentwicklung

Vorschrift der tätigen Reue in § 306e StGB – typische Begleittat ist Versicherungsbetrug § 265 StGB

2. Die Tatbestände im Einzelnen

a) Brandstiftung, § 306 StGB

Besondere Form der Sachbeschädigung

b) Schwere Brandstiftung, § 306a StGB

Abs. 1:
Abstraktes Gefährdungsdelikt – Streitfragen betreffen insbesondere Fragen der
- Entwidmung einer Wohnung
- Behandlung von Fällen bei objektiv ausgeschlossener Gefahr?

Abs. 2
Konkretes Gefährdungsdelikt – Gefahr einer konkreten Gesundheitsbeschädigung gefordert – Streitfragen betreffen:
- den geschützten Personenkreis

c) Besonders schwere Brandstiftung, § 306b StGB

Abs. 1
Erfolgsqualifiziertes Delikt – Geltung on § 18 StGB

Abs. 2
„normale" Qualifikation – also Vorsatz in Bezug auf alle objektiven Tatbestandsmerkmale

d) Brandstiftung mit Todesfolge, § 306c StGB

Erfolgsqualifiziertes Delikt, § 18 StGB - §§ 306 – 306b StGB als Basis

e) Fahrlässige Brandstiftung, § 306d StGB

Verschiedene Vorsatz-Fahrlässigkeitskombinationen

f) Herbeiführung einer Brandgefahr, § 306f StGB

Konkretes Gefährdungsdelikt im Vorfeld von § 306 StGB

II. Fall

Fall (BGH StV 1998, 662; vgl. auch BGH NJW 2000, 226): A betreibt auf seinem Grundstück in X ein Hotel, das in Höhe von 2,6 Mio. DM gegen Feuergefahr versichert ist. Die Wohnung des A, seiner Ehefrau und ihres Sohnes liegt in dem Hotel. A und sein Schwager S beschließen, das Hotel in Brand zu setzen und die Versicherung in Anspruch zu nehmen. S soll den Brand während der Betriebsferien des Hotels legen, die A mit seiner Ehefrau im Ausland verbringt, und während derer sich auch sonst niemand im Hotel aufhält. S begibt sich in der vereinbarten Nacht zum Tatort, vergewissert sich nochmals, dass sich niemand im Hotel befindet, und zündet Benzin als Brandbeschleuniger an. Nur durch das rasche und gezielte Eingreifen der Feuerwehr kann verhindert werden, dass auch das unmittelbar an das Hotel angrenzende Nachbarhaus des N vom Feuer erfasst wird. A hatte zuvor in den Ferien seiner Frau von dem Vorhaben berichtet, das diese nicht billigte, aber hinnahm. Nach seiner Rückkehr macht A der Versicherung gegenüber seine Ansprüche geltend und erlangt die Versicherungsleistung, die er mit S teilt.
Strafbarkeit von A und S?

Strafbarkeit des S wegen der Brandstiftung

A. §§ 211, 212, 22, 23 gegenüber den Bewohnern des Nachbarhauses (-)
Versuchter Mord scheidet aus, da S keinen Vorsatz hatte.

B. Brandstiftung § 306 I Nr.1 (-)
S hat zwar ein fremdes Gebäude, das Hotel des A, in Brand gesetzt (TB +), aber er handelte mit rechtfertigender Einwilligung des Eigentümers A (RW -).

C. Schwere Brandstiftung nach § 306 a I Nr.1
I. Tatbestandsmäßigkeit
1. Objektiver Tatbestand
a) Gebäude, das der Wohnung von Menschen dient
aa) Hotelräume (-)

Es kommt nicht auf die generelle Eignung oder Zweckbestimmung des Gebäudes an, sondern auf die tatsächliche Nutzung als Wohnung zur Tatzeit. Da der Brand während der Zeit der Betriebsferien gelegt wurde, zu der das Hotel leer stand, fehlt es an der tatsächlichen Nutzung als Wohnung.

bb) Wohnung des A, seiner Frau und deren Sohn

Zwar hat S einen Gebäudeteil, der nicht der Wohnung von Menschen dient, nämlich die Hotelräume, in Brand gesetzt. § 306 a I Nr.1 findet jedoch auch dann Anwendung, wenn ein nicht völlig untergeordneter Gebäudeteil Wohnzwecken dient und dieser Gebäudeteil mit demjenigen, der nicht Wohnzwecken dient, ein einheitliches Gebäude bildet. Da die Wohnung des A, seiner Frau und ihres Sohnes über den Hotelräumen liegt, findet § 306 a I Nr.1 Anwendung.

Die tatsächliche Nutzung als Wohnung besteht auch während einer vorübergehenden Urlaubsabwesenheit. A hat die Wohnungseigenschaft jedoch konkludent dadurch aufgehoben, dass er die Wohnung verließ und das gesamte Gebäude durch S in Brand setzen ließ; auch seine Frau ließ, nachdem A ihr von dem Vorhaben erzählte, den Dingen ihren Lauf und hob dadurch konkludent für sich und zugleich als Inhaberin der elterlichen Sorge für ihren Sohn die Wohnungseigenschaft auf.

Ergebnis:

§ 306 a I Nr.1 scheidet mangels Wohnungseigenschaft aus.

D. Schwere Brandstiftung nach § 306 a II

I. Tatbestandsmäßigkeit

1. Objektiver Tatbestand

a) Tatobjekt

Es handelt sich bei dem Hotel um ein Gebäude iSv § 306 I Nr.1. Auf die Fremdheit kommt es nicht an (h.M.).

b) Tathandlung

S hat das Gebäude in Brand gesetzt, da es aus eigener Kraft weiterbrennen konnte.

c) Taterfolg

Ein anderer Mensch müsste durch das Inbrandsetzen in die Gefahr einer Gesundheitsschädigung gebracht worden sein.

> Eine konkrete Gefahr liegt dann vor, wenn sich nach allgemeiner Lebenserfahrung aufgrund einer objektiv-nachträglichen Prognose ergibt, dass die Tathandlung über die ihr innewohnende Gefährlichkeit hinaus die Sicherheit einer bestimmten Person so stark beeinträchtigt, dass es nur noch vom Zufall abhängt, ob das Rechtsgut verletzt

> wird oder nicht. Allein der Umstand, dass sich Menschen in enger räumlicher Nähe zur Gefahrenquelle befinden, genügt noch nicht zur Annahme einer konkreten Gefahr für eine Gesundheitsschädigung. Der Eintritt einer Gesundheitsschädigung selbst ist allerdings nicht Tatbestandsvoraussetzung (so BGH StV 1998, 662).

Hier: Aus dem Sachverhalt geht nicht hervor, ob die konkrete Gefahr einer Gesundheitsschädigung für die Nachbarn in dem an das Hotel angrenzenden Gebäude bestand. Gegebensein des objektiven Tatbestandes ist also Tatfrage

E. Versuchte besonders schwere Brandstiftung §§ 306 b I, 22, 23 (-)
Ein entsprechender Tatentschluss fehlt.

F. Besonders schwere Brandstiftung § 306 b II Nr. 2
1. *Objektiver Tatbestand*
a) § 306 a II ist gegeben.
b) *§ 306 b II Nr.2 - Absicht der Ermöglichung einer anderen Straftat*

Es kann sich bei der anderen Straftat um eine eigene oder eine fremde Straftat handeln. § 306 b II Nr.2 knüpft zwar an § 307 Nr.2 a.F. an, geht jedoch darüber hinaus, indem jede beliebige Straftat, die ermöglicht oder verdeckt werden soll, erfasst wird. Fraglich ist jedoch, ob auch der spätere Betrug zum Nachteil der Versicherung unter § 306 b II Nr.2 fällt, da die Brandstiftung zwar Voraussetzung dafür ist, der Täter jedoch nicht die durch den Brand geschaffene gemeingefährliche Situation als solche ausnutzt (gesetzgeberische Fehlleistung!). Nach BGH NJW 2000, 226 ergeben jedoch Wortlaut und Anknüpfung auch an Abs.2 des § 306 a, dass § 306 b II Nr.2 eine Steigerung und Ausnutzung der brandbedingten Gemeingefahr nicht voraussetzt. Das Merkmal des „Ausnutzens" in § 307 Nr.2 a.F. sei entfallen, so dass eine einschränkende Auslegung nicht mehr möglich sei. Es genüge daher, wenn die schwere Brandstiftung zum Zweck eines Betruges zum Nachteil der Versicherung begangen werde.

Wenn (+):

1. *Subjektiver Tatbestand (+)*

II. Strafbarkeit des A
A. §§ 306 a II, 306 b II, 25 II
I. *Tatbestandsmäßigkeit*
1. *Der objektive Tatbestand ist zwar nicht von A, dafür aber von S verwirklicht worden.*
2. *A hatte Vorsatz hinsichtlich aller objektiven Tatbestandsmerkmale*
3. *Zurechnung der fremden Tatbeiträge nach § 25 II*
a) *Gemeinsamer Tatentschluss (+)*
- Nach der Tatherrschaftslehre sind nach überwiegender Ansicht die Tatbeiträge, die A

bei der Planung der Tat im Vorbereitungsstadium erbrachte, so gewichtig, dass sie das Minus bei der Tatausführung ausgleichen. A hat damit Tatherrschaft.

- Nach einer anderen Auffassung setzt im Falle der Mittäterschaft die Herrschaft über die Tat ein Zusammenwirken im Ausführungsstadium voraus. Damit scheidet Mittäterschaft im vorliegenden Fall aus: A befindet sich zur Tatzeit im Urlaub. Da S eigenverantwortlicher Täter ist und auch keine anerkannte Konstellation der strafbaren Täterschaft hinter dem Täter vorliegt, scheidet mittelbare Täterschaft ebenfalls aus. A ist danach nur gem. §§ 306 a II, 306 b II, 27 strafbar.

- Nach der subjektiven Theorie ist A Mittäter, da er durch seine Mitwirkung im Vorbereitungsstadium – zumindest fast – eine Tatherrschaft hat und die Tat in seinem eigenen Interesse liegt, somit ein Täterwille zweifelsfrei zu bejahen ist.

4. *Vorsatz und Ermöglichungsabsicht (+)*
II. *Rechtswidrigkeit, Schuld (+)*

B. Betrug, § 263 I, III Nr.5 (+)
C. Versicherungsmissbrauch § 265
Der Versicherungsmissbrauch ist gem. § 265 I a.E. zu § 263 subsidiär.

Strafbarkeit des S wegen der erlangten Versicherungssumme

A. § 263 I, III Nr.5, 25 II

Sowohl nach der Tatherrschaftslehre als auch nach der subjektiven Theorie ist S, zumal er sich mit A die erlangte Summe teilt, Mittäter. Verlangt man jedoch einen Tatbeitrag im Ausführungsstadium, scheidet Mittäterschaft aus. In Betracht kommt dann eine Strafbarkeit wegen Beihilfe zu einem besonders schweren Fall des Betruges.

§ 22 Straßenverkehrsdelikte und Widerstand gegen Vollstreckungsbeamte

I. Übersicht

1. Allgemeines

Wichtige Tatbestände: §§ 315, 315a, 315b, 316 – kein Verkehrsdelikt im engeren Sinn, aber im Sachzusammenhang relevant ist § 142 StGB – entsprechendes gilt für § 323c

Rechtsgut: Verkehrssicherheit bzw. Sicherheit der im Verkehr teilnehmenden Personen – Schutz durch abstrakte und konkrete Gefährdungsdelikte

2. Die einzelnen Straßenverkehrsdelikte

a) Trunkenheit im Verkehr, § 316 StGB

Tathandlung: Führen eines Fahrzeugs in einem rauschbedingt fahruntüchtigen Zustand – Dauerdelikt – Fahrzeug = extensives Verständnis (PKW, Moped, Fahrrad, Bagger, Pferdewagen) – Führen = unmittelbares in Bewegung setzen des Fahrzeugs unter bestimmungsgemäßer Anwendung seiner Antriebskräfte – eigenhändiges Delikt –

Fahruntüchtigkeit muss Folge des Rauschzustandes sein – zu unterscheiden sind zwei Formen:
- relative Fahruntüchtigkeit: denkbar bereits ab 0,3 ‰ – in der Regel ab 0,5 – 1 ‰ – Problem: Feststellung der Fahruntüchtigkeit –
- absolute Fahruntüchtigkeit: Rückschluss auf Fahruntüchtigkeit wegen besonders hohem Alkoholgehalt – absolute Fahruntüchtigkeit seit BGHSt 37, 89 ab 1,1 ‰ (1 ‰ zzgl. 0,1 ‰ Sicherheitszuschlag) – bei Fahrrad ab 1,6 ‰

subjektive Tatseite: ausreichend sind sowohl Vorsatz als auch Fahrlässigkeit

Konkurrenzen: subsidiär gegenüber § 315c StGB - § 24 StVG tritt nach § 21 OWiG zurück

b) Gefährdung des Straßenverkehrs, § 315c StGB

Rechtsgut: Sicherheit des Straßenverkehrs mit besonderem Bezug zum Schutz des Einzelnen sowie daneben auch Schutz des Eigentums – konkretes Gefährdungsdelikt

Tathandlung: Nr. 1 rauschbedingt fahruntüchtiges Führen eines Kfz (wie § 316, auch eigenhändiges Delikt – Nr. 2 sog. 7 Todsünden des Straßenverkehrs (auch in mittelbarer Täterschaft möglich, Bsp. Räuber zwingt Taxifahrer mit Pistole zum gefährlichen Überholen) – Erfolg: Gefährdung von Leib oder Leben bzw. fremder Sachen von erheblichem Wert

Subjektive Tatseite: unterschiedliche Kombinationen von Vorsatz-Vorsatz Kombination (Abs.1) bis Fahrlässigkeits-Fahrlässigkeitskombination (Abs. 3 Nr. 2)

c) Verbotene Kraftfahrzeugrennen, § 315 d

Eingeführt zum 30.9.2017 – zum Hintergrund vgl. BT-Drs. 18/10145 – zuvor Ahndung als bloße Ordnungswidrigkeit

Rechtsgut: Sicherheit des Straßenverkehrs und seiner Teilnehmer

Abs. 1: Strafbarkeit bereits der Veranstaltung (Nr. 1) und der Teilnahme (Nr. 2) an einem illegalen Kraftfahrzeugrennen – gleichermaßen strafbar ist das Rasen (Nr. 3)

Abs. 2: Qualifikation für den Fall einer konkreten Gefährdung von Leib oder Leben oder von fremden Sachen mit bedeutendem Wert grds. Vorsatz einschl. Gefährdungsvorsatz erforderlich – fahrlässige Gefahrverursachung gem. Abs. 4

Abs. 5: Erfolgsqualifikation (§ 18) in Form der Verursachung des Todes oder der schweren Gesundheitsbeschädigung einer Person

Versuchsstrafbarkeit gem. Abs. 3 nur im Fall des Abs. 1 Nr. 1 (Veranstaltung eines Rennens)

d) Gefährliche Eingriffe in den Straßenverkehr, § 315b StGB

Rechtsgut: Sicherheit des Straßenverkehrs daneben Leben und körperliche Unversehrtheit sowie fremdes Eigentum – konkretes Gefährdungsdelikt wie § 315c StGB

Tatbestandsaufbau ähnlich wie § 315c StGB – aber: bedeutsamer Unterschied: § 315b dient der Abwehr sog. verkehrsfremder Eingriffe – Bsp. Werfen von Gegenständen auf die Fahrbahn

Tathandlung:
- Zerstören oder Beschädigen von Anlagen oder Fahrzeugen = wie bei der Sachbeschädigung –
- Hindernisbereiten = Einwirken lassen von Gegenständen, die ihrer Beschaffenheit nach zur Hemmung oder Verzögerung des Verkehrs geeignet sind, auf den Verkehr –
- ähnlicher, ebenso gefährlicher Eingriff = rechtstheoretisch gesetzlich verordnete Analogie – Beispiel: Zufahren auf einen anderen mit Gefährdungs- bzw. Nötigungsabsicht

subjektiver Tatbestand entspricht § 315c StGB

e) Unerlaubtes Entfernen vom Unfallort, § 142 StGB

Schutzgut = privates Interesse der Unfallbeteiligten und Geschädigten

Sonderdelikt – Täter muss Unfallbeteiligter sein = Begriff definiert in Abs. 5 – nicht am Unfall Beteiligte können nur Teilnehmer sein

Tatsituation muss Unfall sein – Def. Unfall = plötzliches Ereignis im öffentlichen Verkehr auf Wegen und Plätzen – Unfall wird nach Auffassung der Rspr. auch bei vorsätzlicher Schadensverursachung angenommen bzw. zumindest dann, wenn sich ein verkehrstypisches Unfallrisiko angenommen

Tathandlung: zu unterscheiden sind
- Sich-Entfernen gem. Abs.1 = willentliches Verlassen des Unfallortes – also: Vorstellungspflicht bzw. Wartepflicht (30-60 Minuten je nach Schadenshöhe)
- Pflicht, unverzüglich Feststellungen nachträglich zu ermöglichen gem. Abs.2, wenn sich Täter nach einer Wartefrist bzw. berechtigt oder entschuldigt vom Unfallort entfernt hat = echtes Unterlassungsdelikt –

Beispiel (BGH v. 27.8.2014 – 4 StR 259/14): Entfernen vom Unfallort ist berechtigt, wenn sich das Opfer zunächst eine massiv blutende Wunde ärztlich versorgen lässt und sich erst im Anschluss daran bei der Polizei als Unfallbeteiligter zu erkennen gibt.

f) Unterlassene Hilfeleistung und Behinderung hilfeleistender Personen, § 323c

Abs. 1 enthält den klassischen Tatbestand der unterlassenen Hilfeleistung in Form eines echten Unterlassungsdelikts – in Abs. 2 wurde 2017 eine weitere Strafnorm für Fälle eingeführt, wo hilfeleistende Personen behindert werden (BT-Drs. 18/12153)

Abs. 1: konkretes Gefährdungsdelikt - Unglücksfall = plötzlich eingetretenes Ereignis, das eine erhebliche Gefahr für ein Individualrechtsgut mit sich bringt – erforderliche und zumutbare Hilfe sind nach dem Einzelfall zu bestimmen

Abs. 2 enthält ein Begehungsdelikt und ein Erfolgsdelikt – Tathandlung ist das Behindern einer Rettungsperson – die Behinderung als Taterfolg muss tatsächlich eingetreten sein – der Versuch ist nicht strafbar

3. Widerstand gegen oder tätlicher Angriff auf Vollstreckungsbeamte, §§ 113 ff. StGB

a) Widerstand gegen Vollstreckungsbeamte, § 113 StGB

§ 113 wurde 2011 neu gefasst und 2017 nochmals angepasst (dazu Schiemann NJW 2017, 1846) – vor 2011: § 133 als Privilegierungstatbestand aufgrund der Annahme „Widerstand ist zwecklos – in der Neufassung nach 2011: Angleichung des Strafrahmens an § 240 StGB als „klares Signal" an potentielle Straftäter

Geschütztes Interesse: Autorität staatlicher Vollstreckungsakte (hM)

Vornahme einer Diensthandlung = jede unmittelbar bevorstehende oder begonnene aber noch nicht vollendete Vollstreckungshandlung – Widerstand leisten ist auch das (erfolglose) unternehmen – Gewalt/Drohung wie bei § 240 StGB

Abs. 3 setzt Rechtmäßigkeit der Diensthandlung voraus – Fehlen der Rechtmäßigkeit ist nach hM (str.) Rechtfertigungsgrund – maßgeblich ist nach hM (str.) der sog. „strafrechtliche

Rechtmäßigkeitsbegriff" der (nur) auf die formelle Rechtmäßigkeit der Diensthandlung abstellt – aA: Maßgeblichkeit der Vollstreckbarkeit (sog. Wirksamkeitslehre)

Abs. 2: Qualifikation für besonders schwere Fälle

Abs. 4 ist Spezialregelung zum Verbotsirrtum gem. § 17 StGB

Lex specialis zu § 240 StGB

b) Tätlicher Angriff auf Vollstreckungsbeamte, § 114 StGB

Tatbestand wurde neu eingeführt durch das 52 StÄG zum 23.5.2017 – zu den Materialien vgl. BT-Drs. 18/11161 – bis dato geltender § 114 alt wurde § 115 neu

Tätlicher Angriff = unmittelbar auf den Körper zielende gewaltsame Einwirkung

c) Widerstand gegen oder tätlicher Angriff auf Personen, die Vollstreckungsbeamten gleichstehen, § 115 StGB

Erweiterung der §§ 113, 114 auf Personen, die Vollstreckungsbeamten gleichstehen, ohne Amtsträger zu sein.

II. Fall

Fall (BGHSt 22, 67): Der 16-jährige A fährt ohne Fahrerlaubnis mit einem fremden KFZ und wird von der Polizei verfolgt. Er fährt auf der Fahrbahnmitte und pendelt nach rechts und links, damit der Streifenwagen ihn nicht überholen kann. Dadurch zwingt er mehrere entgegenkommende Fahrzeuge, am Fahrbahnrand rechts anzuhalten oder auf den Seitenstreifen auszuweichen. Bei einem Überholversuch drängt er den Streifenwagen ab, so dass dieser nur mit Mühe abgefangen werden kann. Dann rast A auf einen Polizisten zu, der ihm, mitten auf der Fahrbahn stehend, mit einem Haltestab winkt. P muss zur Seite springen. Schließlich wird A aus einer Kurve getragen und prallt gegen einen Baum. Seine BAK beträgt zur Tatzeit 1,38 ‰.

A. Strafbarkeit des A gem. § 315b
I. Tatbestand
1. Objektiver Tatbestand
a) Beeinträchtigung der Sicherheit des Straßenverkehrs durch einen gefährlichen verkehrsfremden Eingriff
aa) § 315b I Nr.2: Bereiten von Hindernissen

> Ein Hindernis wird bereitet, wenn der Täter durch einen verkehrsfremden Eingriff, d.h. von außen, in einer Weise auf den Verkehr einwirkt, die geeignet ist, den reibungslosen Verkehrsablauf zu hemmen oder zu gefährden. Ein verkehrsfremder Eingriff liegt auch vor, wenn ein Fahrzeug bewusst zweckentfremdet und als Mittel zur Verkehrsbehinderung eingesetzt wird.

Hier: Dadurch, dass A die entgegenkommenden Verkehrsteilnehmer gezwungen hat, auszuweichen, hat er ein Hindernis bereitet.

bb) § 315b I Nr.3: Ähnlicher, ebenso gefährlicher Eingriff

> Unter einem ähnlichen, ebenso gefährlichen Eingriff ist eine verkehrsfremde Handlung zu verstehen, die an Bedeutung und Gefährlichkeit den in Nr.1 und 2 genannten Begehungsformen gleichkommt. Fährt der Täter absichtlich auf einen Polizisten zu, so sind diese Voraussetzungen erfüllt.

Hier: A hat dadurch, dass er erstens den Streifenwagen von der Straße abdrängte und zweitens gezielt auf P zufuhr, um diesen zum Ausweichen zu zwingen, § 315b I Nr.3 verwirklicht.

b) Konkrete Gefährdung von Leib oder Leben eines anderen oder fremder Sachen von bedeutendem Wert (+)

2. Subjektiver Tatbestand

Die Beeinträchtigung der Sicherheit des Straßenverkehrs durch verkehrsfremde Eingriffe war vom Vorsatz des A umfasst. Fraglich ist, ob A auch hinsichtlich der Gefährdung der anderen Verkehrsteilnehmer mit Vorsatz handelte oder ob er die Gefahr iSd § 315b IV fahrlässig verursacht hat.

> Gefährdungsvorsatz liegt vor, wenn der Täter die Umstände kennt, welche die Schädigung als naheliegende Möglichkeit erscheinen lassen, und er den Eintritt der Gefahrenlage billigend in Kauf nimmt.

Hier: A erkannte, als er den Streifenwagen und die entgegenkommenden Verkehrsteilnehmer von der Straße abdrängte, dass eine Gefährdung für Leib und Leben der Polizisten und Verkehrsteilnehmer vorlag. Ihm war auch bewusst, dass er durch das Zufahren mit hoher Geschwindigkeit auf P dessen Leib und Leben in Gefahr brachte. Diese Gefahren hat er bewusst als Mittel eingesetzt, um die Bedrohten zu den von ihm erstrebten Ausweichmanövern zu nötigen. A handelte somit mit Gefährdungsvorsatz (so BGHSt 22, 67).

II. Rechtswidrigkeit, Schuld (+)

III. § 315b III iVm § 315 III Nr.1b

> Die Qualifikation des § 315b III betrifft, wie sich schon aus der Systematik des § 315b

> und ferner aus dem Erfordernis der „Absicht" in § 315 ergibt, nur vorsätzliche Taten.

Hier: Da Gefährdungsvorsatz des A bejaht wurde und A in der Absicht handelte, eine andere Straftat (§ 316) zu verdecken, liegen §§ 315b III iVm 315 III Nr.1b vor.

B. Strafbarkeit des A gem. § 315c
I. Tatbestand
1. Objektiver Tatbestand
a) § 315c I Nr.1a (+)
A hat infolge Alkoholgenusses im Zustand absoluter Fahruntüchtigkeit (BAK über 1,1 ‰) ein Fahrzeug im Straßenverkehr geführt.

b) § 315c I Nr. 2b (-)
§ 315c erfasst nur verkehrsimmanente Fehlleistungen, nicht aber verkehrsfremde Eingriffe.

c) Konkrete Gefährdung

> Zwischen der Fahrunsicherheit und der Gefährdung muss ein innerer Zusammenhang bestehen. Daran fehlt es, wenn sich die der Tathandlung eigentümliche Gefährlichkeit nicht im Taterfolg realisiert hat.

Argumente:
- Die Gefahr für Leib und Leben der Polizisten und der anderen Verkehrsteilnehmer ergibt sich hier nicht daraus, dass A infolge des Alkoholgenusses nicht in der Lage ist, das Fahrzeug sicher zu führen, sondern weil er sich der Verkehrskontrolle entziehen wollte ⇒ (-)
- A hat Leib und Leben sowohl der entgegenkommenden Verkehrsteilnehmer als auch der Polizisten, die A verfolgten oder sich ihm in den Weg stellten, konkret gefährdet. Diese riskante Fahrweise beruhte auch auf seiner Alkoholisierung (so BGHSt 22, 67) ⇒ (+)

2. Subjektiver Tatbestand
Ein Vorsatz des A hinsichtlich der alkoholbedingten Fahruntauglichkeit kann nicht allein aufgrund des Alkoholisierungsgrades angenommen werden. Daher hat A nur fahrlässig gehandelt, was nach § 315c III Nr. 2 aber ebenfalls strafbar ist.

II. Rechtswidrigkeit, Schuld (+)

C. Strafbarkeit des A gem. § 316 (+)
Absolute Fahruntüchtigkeit ab 1,1 o/oo (BGHSt 37, 89) – hier laut Sachverhalt 1, 38 o/oo

D. Strafbarkeit des A gem. § 113 bezüglich des Abdrängens des Streifenwagens
I. Tatbestand
1. Objektiver Tatbestand

a) Tatbestandliche Situation (+)
Die Polizisten sind Vollstreckungsbeamte. Die Verfolgung des A mit dem Streifenwagen stellt eine rechtmäßige Vollstreckungshandlung dar.
b) Tatbestandsmäßige Handlung (+)
A hat dadurch, dass er den Streifenwagen am Überholen hinderte und von der Straße abdrängte, mit Gewalt Widerstand geleistet.
2. Subjektiver Tatbestand (+)
II. Rechtswidrigkeit, Schuld (+)
III. § 113 II
1. § 113 II Nr.1

> Ein Kraftfahrzeug kann eine Waffe darstellen, wenn der Täter es bewusst gegen andere einsetzt und sie dadurch in erhebliche Gefahr bringt.

Als A den Streifenwagen von der Straße abdrängte, hat er Gewalt gegen Personen angewendet und sein Fahrzeug hierbei als Waffe eingesetzt.
3. § 113 II Nr.2 (+)
Dadurch, dass A den Streifenwagen von der Straße abdrängte, hat er die Polizisten in die Gefahr des Todes oder einer schweren Gesundheitsschädigung gebracht. Er handelte auch mit Gefährdungsvorsatz.
4. § 113 II Nr. 3 (-)
Nr. 3 wurde durch Gesetz vom 23.5.2017 neu eingeführt (vgl. BT-Drs. 18/11161) – sanktioniert wird die gemeinschaftliche Begehung der Tat – A handelte vorliegend aber allein

E. Strafbarkeit des A gem. § 113 bezüglich des Zufahrens auf P
I. Tatbestand
1. Objektiver Tatbestand (+)
Der Versuch des P, den A anzuhalten, war die Vornahme einer rechtmäßigen Diensthandlung durch einen Vollstreckungsbeamten. Dadurch, dass A auf P zufuhr und ihn zwang, beiseite zu springen, hat er mit Gewalt Widerstand geleistet.
2. Subjektiver Tatbestand (+)
II. Rechtswidrigkeit, Schuld (+)
1. § 113 II
2. § 113 II Nr.1 (+)
A hat, indem er auf P zufuhr, das Fahrzeug bewusst als Waffe eingesetzt.
3. § 113 II Nr.2 (+)
A hat P in die Gefahr des Todes oder einer schweren Gesundheitsschädigung gebracht. Er handelte auch mit Gefährdungsvorsatz.

F. Strafbarkeit des A gem. § 114 bezüglich des Zufahrens auf P
I. Tatbestand
1. Objektiver Tatbestand (-)
Der Versuch des P, den A anzuhalten, war die Vornahme einer rechtmäßigen Diensthandlung durch einen Vollstreckungsbeamten. Problematisch ist, ob A den P auch tätlich angegriffen hat - A fuhr zwar auf P zu, hat diesen aber nicht verletzt – damit hat A auch nicht auf den Körper „eingewirkt".

2. Versuch? – Versuchsstrafbarkeit ist nicht vorgesehen, daher (-)

G. Strafbarkeit des A gem. § 21 StVG (+)

H. Konkurrenzen
- § 315c verdrängt § 316.
- § 315c I Nr.1a ist ein Dauerdelikt, sodass, da eine einheitliche Fahrt vorliegt, die Gefährdungen von Leib und Leben der Verkehrsteilnehmer und der Polizisten eine Handlungseinheit darstellen (so der BGH).
- § 315b und § 315c liegen tateinheitlich vor (so der BGH). Nach a.A. besteht Gesetzeskonkurrenz mit Vorrang von § 315b.
- § 113 ist lex specialis zu § 240. Über § 315b sind alle einzelnen Tatbestandsverwirklichungen zu einer Handlungseinheit zusammengefasst.

Ergebnis: A hat sich gem. §§ 315b, 315c, 113, § 21 StVG, § 52 strafbar gemacht.

www.ingramcontent.com/pod-product-compliance
Lightning Source LLC
Chambersburg PA
CBHW082250220526
45469CB00009B/2939